historia
inmediata

NICARAGUA: REVOLUCIÓN
relatos de combatientes del frente sandinista

por
PILAR ARIAS

siglo veintiuno editores, sa
CERRO DEL AGUA 248, MEXICO 20, D.F

siglo veintiuno de españa editores, sa
C/PLAZA 5, MADRID 33, ESPAÑA

siglo veintiuno argentina editores, sa

siglo veintiuno de colombia, ltda
AV. 3a. 17-73 PRIMER PISO. BOGOTA, D.E. COLOMBIA

edición al cuidado de maría luisa puga
portada de anhelo hernández

primera edición en español, 1980
© siglo xxi editores, s. a.
ISBN 968-23-1013-X

derechos reservados conforme a la ley
impreso y hecho en méxico/printed and made in mexico

ÍNDICE

ALGO SOBRE EL LIBRO	9
INTRODUCCIÓN	11
1. DE LA FUNDACIÓN DEL FRENTE A LA PRIMERA GUERRILLA (1956-1963)	15
2. INTERVALO LEGALISTA (1963-1967)	34
3. DE PANCASÁN A LA EXPERIENCIA URBANA (1967-1970)	42
4. BASES URBANAS Y RURALES (1971-1974)	71
5. AUGE Y REPRESIÓN (1974-1977)	106
6. HACIA LA OFENSIVA (1977)	128
7. POR EL CAMINO DE LA INSURRECCIÓN (1978)	152
8. AÑO DE LA VICTORIA (1979)	173
CRONOLOGÍA BÁSICA	210
FICHAS BIOGRÁFICAS	215
VOCABULARIO	222
BIBLIOGRAFÍA MÍNIMA	226

Para Luisa Amanda, a quien tal vez le hubiera gustado leer este libro.

Para todos los que luchan en Centroamérica.

ALGO SOBRE EL LIBRO

Al morir en combate el guerrillero sandinista Julio Buitrago, el poeta y también sandinista, Leonel Rugama, escribió: "Los héroes no dijeron que morían por la patria, sino que murieron." Exactamente seis meses después, el 15 de enero de 1970, caería Rugama en otro combate desigual. Pero la obra del guerrillero no terminó ahí: el 19 de julio de 1979 el pueblo de Nicaragua pudo por fin reivindicar a todos sus poetas, a todos sus héroes, pues los sandinistas no dijeron que hacían la revolución, sino que la hicieron.

Este libro, elaborado en el primer año de la victoria, se compone principalmente de entrevistas con algunos de aquéllos que hicieron la revolución. No es un libro de historia, ni es el resultado de un estudio sociológico o de una investigación académica. Ya habrá muchos años para estudiar la historia de la revolución nicaragüense desde todas las ópticas posibles.

Con algunas excepciones, la materia prima de este trabajo la constituyen más de sesenta horas de entrevistas originales grabadas; parte del testimonio del comandante de la revolución, Tomás Borge, está tomada de la conferencia que dio en un seminario de formación de cuadros de la Central Sandinista de Trabajadores en el mes de diciembre de 1979; la totalidad de la intervención del comandante de la revolución, Humberto Ortega, está tomada de su conferencia en el mismo seminario; el testimonio de la compañera María Chavarría salió publicado por primera vez en el diario *Barricada* el 26 de febrero de 1980; el de Juan Aburto está tomado del diario *La Prensa*, del 24 de febrero de 1980; y el del comandante guerrillero, Edén Pastora, está tomado de una entrevista hecha el 20 de julio de 1979, en los momentos de la entrada del Frente Sandinista a Managua.

No debe el lector sagaz tratar de adivinar algún criterio de selección en los entrevistados. Fueron simplemente todos aquéllos militantes destacados que pudieron encontrar un par de horas libres para platicar en sus interminables jornadas de trabajo. Quizá haya que aclarar también que todas las entrevistas fueron concedidas a título estrictamente personal.

Saltan a la vista las principales ausencias: la mujer combatiente, cuya presencia fue tan significativa, está minoritariamente representada, en parte porque la compañera Margaret Randall llena ese hueco con el libro que simultáneamente publica Siglo XXI dedicado exclusivamente a la mujer en la revolución de Nicaragua. La voz del pueblo podría llenar tomos enteros con un proceso insurreccional tan desbordadamente masivo. Es un libro testimonial que está por hacerse. Para todo aquel lector que busque un conocimiento más profundo de la realidad política, social y económica de Nicaragua, se presenta una breve bibliografía al final. Así podrá insertar los relatos de la vanguardia revolucionaria dentro de su contexto histórico y nacional.

Fueron muchos los compañeros que me tuvieron paciencia a lo largo de este proyecto, y a ellos ofrezco todo mi agradecimiento: los amigos que siempre apoyaron un proyecto que en un principio parecía demente; mi madre, que aportó también al reducido fondo económico; las compañeras que dieron su ayuda invaluable para transcribir horas de cintas y recopilar datos biográficos; y los combatientes del heroico Frente Sandinista, que dieron su tiempo y cuidado para que este libro pudiera salir. A ellos, y especialmente a Howard, Idalia, Mauro y J.J., les pertenece el mérito de este libro —no así sus fallas, que son mías.

PILAR ARIAS

INTRODUCCIÓN

Los testimonios que conforman el presente libro son un valioso aporte a los esfuerzos que nuestra organización revolucionaria, el Frente Sandinista de Liberación Nacional, FSLN, realiza para recoger, estudiar, analizar, testimoniar e interpretar nuestro proceso histórico de liberación. Los distintos comandantes de la revolución, comandantes guerrilleros y demás militares sandinistas, protagonistas de la forja de nuestra libertad, expresan criterios y narran las distintas experiencias de manera espontánea y en medio de sus múltiples tareas. La dinámica del actual proceso no permite en este momento más tiempo para reflexionar en las respuestas que busca la entrevista. Pese a esta situación todos los testimonios son sumamente valiosos, y aunque no constituyen la versión oficial de la Dirección Nacional del FSLN, cada uno de los mismos será tomado debidamente en cuenta para la versión oficial que la Dirección Nacional está preparando para darla a conocer en un futuro cercano, y en donde se expresarán distintos aspectos importantes de nuestro proceso histórico de lucha.

Hacemos un reconocimiento a la compañera responsable del presente libro por el tiempo y la paciencia que dedicó a entrevistar a los distintos compañeros.

Fraternalmente,

HUMBERTO ORTEGA S.
Coordinador General de la Comisión Histórica del FSLN

AÑO DE LA ALFABETIZACIÓN
Managua, 5 de julio, 1980

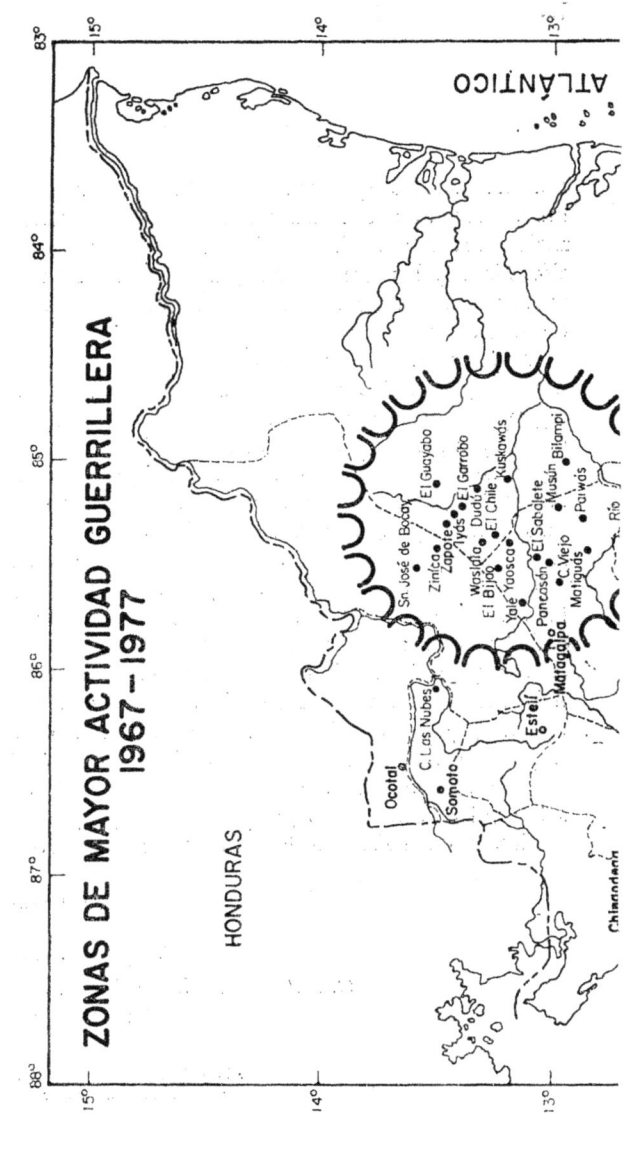

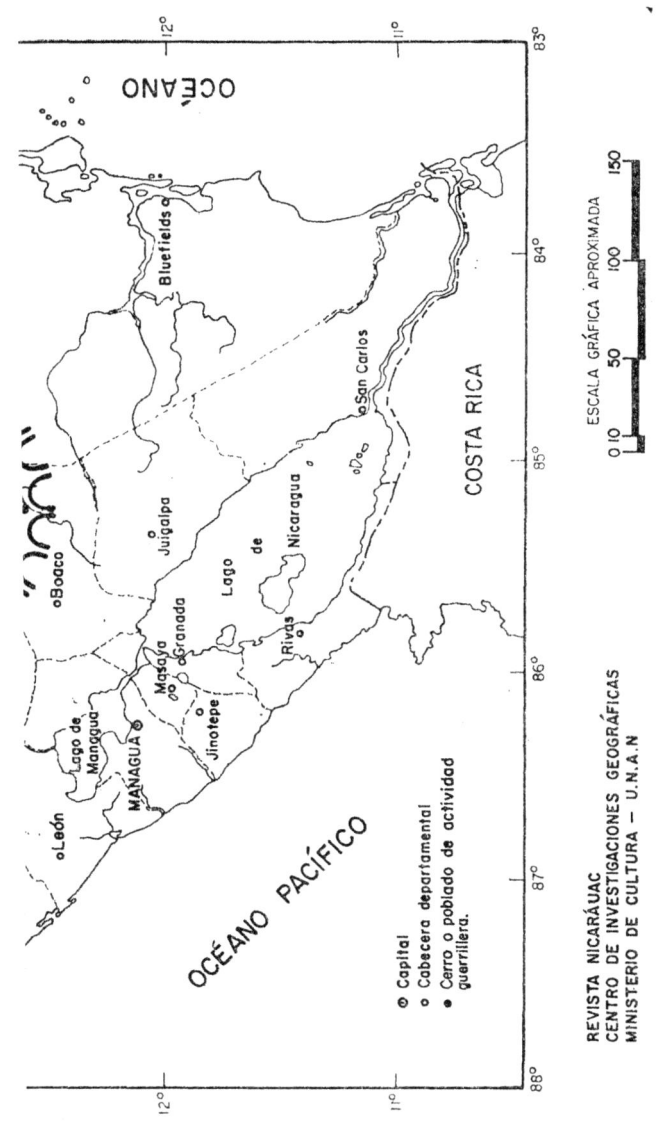

1. DE LA FUNDACIÓN DEL FRENTE A LA PRIMERA GUERRILLA (1956-1963)

TOMÁS BORGE (1961): Sobre eso de quiénes fundaron el Frente Sandinista de Liberación Nacional se ha dicho mucho. En realidad yo pienso que no es justo que se diga que sólo tres fundamos el Frente. O sea, que se diga que nos reunimos tres dirigentes y fundamos una organización que se llamaba Frente Sandinista. Atrás de nosotros había otra gente que aunque no participó realmente en la reunión, arrancó junto con nosotros. Yo pienso que también son fundadores.

La mayor parte murió posteriormente: el coronel Santos López murió, Faustino Ruiz murió, Jorge Navarro murió, Francisco Buitrago murió, Iván Sánchez murió, Mauricio Córdoba murió, Modesto Duarte murió, Germán Pomares (El Danto) murió, y murió Rigoberto Cruz ("Pablo Úbeda", como se le conoció en la montaña).

Silvio Mayorga, Carlos Fonseca y el que habla, fundamos oficialmente el Frente Sandinista, pero también ellos participaron. Los tres nos reunimos, le dimos el nombre; pero ellos dieron sus vidas, que es más importante que dar el nombre. También fue fundador del Frente, José Benito Escobar y Víctor Tirado fue de los primeros también. Estuvo en nuestros primeros combates, y ¡claro que por eso es fundador!

La mayor parte de los fundadores murieron porque los mató la Guardia... otros porque se fueron de la revolución, que es otra clase de muerte —y mucho más definitiva por cierto.

DORA MARÍA TÉLLEZ: Yo digo que también los revolucionarios tienen su partecita de locura. Yo me pongo a pensar, retrocedo a veces y me pongo a pensar en la gente que comenzó el Frente y digo que debe haber sido muy duro eso, porque nadie los animó; ellos solos tenían que animarse. Nadie creía en ellos y nadie les creía. Y a veces no tenían ni reales, ni papeles, ni lápices, ni instrumentos políticos de análisis, ni mucho menos instrumental militar. No tenían nada más que su fe, una fe que tampoco estaba sustentada teóricamente, porque era desconocido eso, sino que tenía un sustento emocional, y el sustento de una realidad demasiado brutal como para no apreciarla.

Esa gente era capaz de tener fe cuando les cerraban las puertas, cuando nadie les creía, cuando los sacaban de las casas, cuando les decían locos en las calles, cuando se perdía a los amigos —porque entonces no era ningún prestigio ser sandinista—; cuando las madres lloraban... eso es difícil. Yo digo, trato de pensar, si esas gentes eran seres normales; deben haber tenido un mínimo, algo de locura. Pero era una locura real, porque los locos piensan cosas irreales, sustentadas en una realidad, pero la locura ésta, revolucionaria, sueña con cosas reales, sustentadas en la realidad, y además es capaz de concretar esos sueños años más tarde.

Sólo que esa fe revolucionaria no te la regalan. Cuando nuestra generación tuvo fe, fue porque hubo antes muertos que se encargaron de abrirnos otras perspectivas. Pero para los que tuvieron fe en 1960, en 1961, ¿adónde estaban las perspectivas?

JAIME WHEELOCK: De 1910 a 1920 ó 25, Nicaragua experimentó con formas de lucha desconocidas hasta entonces: grandes huelgas en las bananeras, en las plantaciones de azúcar, en las minas, en los grandes aserraderos, y se fue conformando un plano de lucha independiente y distinto al de las luchas tradicionales entre las camarillas oligárquicas. De manera que vemos que una jefatura liberal, burguesa, se enfrenta a la misma jefatura de siempre, oligárquica y proimperialista. Y dentro de esas luchas, surge una plana de jefes militares que son producto de todas esas luchas populares independientes y distintas: por ejemplo, Francisco Sequeira, el "general Cabulla" que era un líder bananero de Chinandega; Eliseo Duarte y Luis Beltrán Sandoval, que eran bananeros de Zelaya; Crisanto Zapata, que era trabajador del café del sector del Mombacho, y Augusto César Sandino, que regresa de México a trabajar en una mina.

Estos jefes populares, en determinado momento entraron en contradicción con la jefatura liberal que pactó con el enemigo —y que pactó no sólo por conformismo, por oportunismo, sino para resolver sus contradicciones internas con el grupo popular, al cual ya no mandaba. En ese momento ya la oligarquía no era un proyecto en Nicaragua, y la burguesía liberal era muy débil económicamente; entonces el imperialismo intervino para controlar una base social cada vez más convulsionada y para conservar a Nicaragua como una posición geopolítica —y económica también, porque nos sacaban de aquí el banano, los productos mineros, las maderas preciosas: nos sacaban todo.

Los grupos locales se reconciliaron al ver el enorme peligro en que los colocó el proyecto revolucionario de Sandino; un proyecto tan avanzado que no pudo completarlo él solo. Y el imperialismo quiso romper ese nuevo esquema de poder revolucionario en la lucha de liberación nacional que encabezaba Sandino con un esquema que se volvió clásico: en Nicaragua, país atrasado, dependiente, país en el que predominaba el campesinado, con una clase obrera que participaba de ciertos rasgos campesinos, donde la explotación y la opresión son muy altas por la misma pobreza, por la misma miseria. Aquí, donde no existía una clase burguesa sólida, una clase dominante local capaz de contener la creciente lucha de las masas empobrecidas, aquí, donde no existía esa clase, el imperialismo tuvo que crear un aparato dictatorial que fuera el garante de sus intereses económicos y geopolíticos: ése fue el aparato de la dictadura somocista que inaugura en realidad Anastasio Somoza García con el asesinato de Sandino el 21 de febrero de 1934. Pero lo asombroso de todo esto es la continuidad que tiene la lucha del pueblo a lo largo de toda la dictadura, porque siempre son las mismas fuerzas las que siguen en pugna desde 1934, cuando asesinan infamemente a Sandino, pasando por las huelgas de 1948, hasta 1956, en que Rigoberto López Pérez asume un papel histórico y ajusticia a Somoza García, expresando toda la ira del pueblo a través de un pistoletazo.

RENÉ NÚÑEZ (1956): Diría que desde una edad más o menos temprana tuve más emotividad política que criterio político lo que de una u otra forma programó mi desarrollo —la parte humana, el conocimiento político y la conciencia para poder después volverme sandinista. De hecho, aunque no seguí muy de cerca el nacimiento del Frente, sin embargo seguí bastante de cerca más o menos la actividad política del país. Un recuerdo que aún está fresco para mí y que se mantuvo bastante en mí antes de tener vida política fue, por ejemplo, la muerte de Somoza García —su ajusticiamiento. Yo estaba chavalo en esa época, pero tenía relación con la vida del país porque una mamá de crianza mía tenía un puesto de periódicos y revistas. Entonces yo era, de hecho, el responsable de la venta de los periódicos. En ese tiempo, la venta era más que todo, digamos, una venta que se hacía con pregones políticos. La actividad principal de la oposición la destacaban los periódicos de oposición; las actividades principales de la vida del país la destacaban los periódicos. Y el vendedor anunciaba esa noticia política.

Eso me ayudó a meterme por todos lados en la vida de León. Tenía tal vez unos nueve... diez años... por ahí. Entonces, el recuerdo fresco es que la noche esta del ajusticiamiento de Somoza García, yo estuve en el lugar donde iba a ser la fiesta en que se le ajustició, antes de que comenzara. Al día siguiente me enteré del ajusticiamiento porque fue un comentario en el corrillo de vendedores de periódicos. Además me di cuenta de que ya conocía a Rigoberto: era el muchacho serio, cortés, de bigote. Lo conocí porque León es un lugar muy pequeño y además un lugar de poetas, dicen. Los poetas son conocidos, y también en ese tiempo los opositores al somocismo eran conocidos. En León, en ese entonces había dos niveles en que se daba a conocer la gente: en la oposición al somocismo y en la poesía. Y Rigoberto era las dos cosas.

Si vos tenías oportunidad de estar metido un poco en la vida de León, como por ejemplo lo estaba un vendedor de periódicos o de lotería, llegaba a conocer a esta gente, porque era gente que tenía algún tipo de fama. Lógicamente, el ajusticiamiento de Somoza García impactó a la sociedad de León y la represión posterior también, porque arrasó con toda la gente conocida en León. Tuve la oportunidad de seguir de cerca el asunto porque le leía los periódicos a mi familia. Además de que también me entraron cosas por los ojos. Yo tenía que salir a las siete de la mañana de la casa a la estación de ferrocarriles, donde estaba el puesto de periódicos. A partir del ajusticiamiento, mi trayectoria para llegar a la estación cambió porque cercaron varias manzanas de León con alambre de púas. Yo pasaba y notaba que había cambiado la cosa... Además de mucha guardia, había temor en la sociedad, entre la gente. Las cosas habían cambiado, los clientes habían cambiado, mucha gente había desaparecido. Eso te rompe tu rutina y te deja huellas.

CARLOS FONSECA, *Hora 0:*[1] No es posible analizar las condiciones que han permitido a la camarilla gobernante mantenerse en el poder durante más de tres décadas,

[1] Secretaría de Propaganda y Educación Política del FSLN (SENAPEP), Managua, 1979, *passim*.

sin detenerse a estudiar la situación del país al instalarse este régimen, así como la situación que se ha ido desarrollando a lo largo de más de treinta años.

Desde 1926 hasta 1936 el pueblo de Nicaragua vivió uno de los períodos más intensos de su historia. Más de 20 000 muertos produjo la lucha armada, mediante la cual el pueblo buscó un cambio. Fue una lucha que se inició contra el gobierno conservador impuesto por los norteamericanos, pasó por la resistencia sandinista y concluyó con el golpe militar de Anastasio Somoza a Juan B. Sacasa.

La lucha se desarrolló sin existir un proletariado industrial. La incipiente burguesía traicionó al pueblo nicaragüense y se entregó a la intervención yanqui. La burguesía no pudo ser relevada de inmediato de la vanguardia de la lucha popular por un proletariado revolucionario. La resistencia sandinista, que se convirtió en la heroica vanguardia de un pueblo, presentaba una composición casi absolutamente campesina, y precisamente en esto reside la gloria y la tragedia de aquel movimiento revolucionario. Fue una gloria para el pueblo de Nicaragua que la clase más humilde respondiera por el mancillado honor de la patria, y al mismo tiempo fue una tragedia, porque se trataba de un campesinado sin nivel político alguno. Además, hubo importantes jefes de columnas guerrilleras que no conocían una letra. Esto condujo a que una vez asesinado Sandino su movimiento no pudiera tener continuidad.

La prolongada lucha armada, que finalizó en traición y frustración, provocó un agotamiento de la fuerza popular. El sector encabezado por Anastasio Somoza logró la hegemonía sobre el partido liberal tradicional mientras la oposición al gobierno de Somoza pasaba a ser dominada por el partido conservador tradicional, fuerza política reaccionaria profundamente debilitada debido a que en los años 30 estaba fresca en la memoria del pueblo la entrega por parte de ese partido a los intervencionistas yanquis.

Un factor importante que contribuyó también seriamente a interrumpir la lucha antimperialista fue la situación que se originó al estallar la segunda guerra mundial, la cual concentró el foco de la reacción mundial en Europa y Asia. El imperialismo yanqui, enemigo tradicional del pueblo de Nicaragua, se convirtió en un aliado del frente mundial antifascista. La falta de una dirección revolucionaria en Nicaragua impidió que esta realidad fuera interpretada correctamente, y Somoza se aprovechó de la situación para consolidar el dominio de su camarilla.

TOMÁS BORGE (1961): Surge el Frente Sandinista de Liberación Nacional en 1961, aunque ya desde 1958 hay actividad guerrillera en nuestro país: la guerrilla de Ramón Raudales en 1958, la acción de Rigoberto López Pérez en 1956 y la sucesión de grupos guerrilleros después de Raudales: Manuel Díaz y Sotelo, que era periodista y excelente compañero —yo tuve oportunidad de conocerlo—; Julio Alonso, un ex Guardia Nacional que se rebeló contra Somoza en 1947; Heriberto Reyes, que era un ex combatiente de las fuerzas de Sandino; el propio Raudales, un veterano de la guerra sandinista; Carlos Hasslam, de Matagalpa, un pequeño agricultor. En la época de Raudales hay una insistencia en la lucha guerrillera en nuestro país, y uno tras otro se organizan en grupos dispersos, sobre todo en el norte. Después se da el intento de la guerrilla de Olama y Mollejones. Yo no me burlo de ese esfuerzo como se han burlado algunos, como se burlaron los que no combatieron, por cierto; al fin y al cabo merece más respeto aquél que toma un fusil, aunque lo capturen en última instancia, que aquél que no lo ha tomado jamás.

Olama y Mollejones es un esfuerzo de la burguesía —el último que hizo, por cierto— por tomar las armas. La burguesía ahí tuvo su último arranque, porque las guerras civiles aquí en Nicaragua las hacía ella antes, los campesinos y los obreros eran carne de cañón. Pero bueno, tuvieron su último arranque en 1959 y no nos burlamos, vemos con respeto ese esfuerzo. Algunos de los elementos que allí participaron después se hicieron revolucionarios y tuvieron una lucha consecuente contra Somoza. Sigue el esfuerzo de El Chaparral, grupo que tenía un contenido político más avanzado. Ahí combate por primera vez, y cae herido, Carlos Fonseca.

RENÉ NÚÑEZ (1961): Yo estudiaba en el Instituto Nacional de Occidente, en León. Recibíamos con frecuencia visitas de estudiantes universitarios que venían a darnos charlas, a invitarnos a conferencias, a mítines, a asambleas, a manifestaciones. Recuerdo que permanentemente fui a esas actividades —como dije antes— no por conciencia política sino por emotividad política. De modo que supe de El Chaparral porque llegaron los universitarios a invitarnos a una marcha de protesta por la masacre de El Chaparral, y a explicarnos que El Chaparral era un intento guerrillero hecho por jóvenes nicaragüenses, gran parte de ellos estudiantes de la universidad, algunos obreros, otra parte campesinos, que habían organizado un movimiento armado para acabar con el somocismo, para derrocar a Somoza.

Los habían descubierto fuerzas combinadas de la guardia somocista nicaragüense y la guardia hondureña, y habían asesinado a la mayoría en un sitio que se llama El Chaparral. Entre ellos se mencionaba a varios estudiantes nicaragüenses. Uno de ellos había sido en años anteriores secretario general del CUUN (Centro Universitario de la Universidad Nacional). Se llamaba Carlos Fonseca Amador, estaba herido y en esos momentos, aparentemente, desaparecido y en peligro de muerte.

Entonces fuimos a la manifestación. Se hicieron incluso servicios religiosos en El Calvario que fueron obstaculizados por la Guardia. Primera vez que miraba a la Guardia en posición agresiva... aunque no tomé conciencia de su agresividad; lo miré como una cosa normal, así, como una especie de juego callejero.

La Guardia no nos dejó hacer la misa, no nos dejó pasar. Volvimos a la universidad a los discursos, a las protestas, a los gritos, etc., y se continuó con la manifestación y el duelo. Yo acudí a esas protestas y anduve en ellas toda la semana.

En la manifestación del 23 de julio nos topamos tres veces con la Guardia, tres veces se discutió con ellos, tres veces cambiamos el rumbo de la manifestación, y cuando iba a concluir en el paraninfo de la universidad llegó la noticia de que habían capturado a varios dirigentes estudiantiles. Entonces la manifestación no se disolvió sino que decidió ir al comando a pedir la libertad de esos compañeros.

Se fue la marcha, se llegó a un punto a cuadra y media del comando, y de allí se desprendió la comisión negociadora. Yo estaba allí en la manifestación —siempre así, con esa emotividad política de cipote, de chavalo— y estaba expectante. Recuerdo que era pequeño de tamaño en esa época, y estaba subido en una especie de grada de una puerta, cuando de repente se oyeron disparos. Yo no comprendí que eran disparos —oí ruidos y miré correr a la gente, entonces corrí también. La cosa es que me escondí y hasta que estuve escondido, más bien metido en el quicio de una puerta, me di cuenta de que eran disparos. Luego hui: me metí en una casa donde hubo un disparo y varios heridos, varios muertos, y eso me impactó. Me di cuenta entonces de que la cuestión no era de juego, que era una cosa seria. Y recuerdo que ése fue, quizá, de los impactos más importantes de mi vida.

TOMÁS BORGE (1963): Todas estas luchas guerrilleras, las inquietudes que existían en las ciudades, ciertos albores de inconformidad que había por todas partes en cuanto a la forma de luchar, todo eso requería una respuesta histórica, una necesidad de aglutinar la lucha de los sectores más explotados, más consecuentes con el desarrollo histórico de nuestro país. Esa respuesta, esa síntesis, fue en 1961 el Frente Sandinista de Liberación Nacional. De allí se explica que el Frente Sandinista no surja como un grupo guerrillero nada más; y también que la derrota militar del Frente Sandinista en 1963 en río Coco y Bocay, no haya significado la derrota del Frente Sandinista. Porque desde los inicios, antes de que surgiera la guerrilla, había actividad política.

Carlos Fonseca se viene a Managua, y al mismo tiempo que el Frente organiza un grupo de guerrilleros en el lado norte del país, también se trabaja en las ciudades, organizando obreros en los barrios, introduciéndose en los centros de producción aunque fuera de manera indirecta. Teníamos que ir a buscar a los trabajadores a los barrios. Se organizaron células de trabajadores no sólo en Managua, sino en el lado de Occidente también. Y no es tan curioso ni tan sorprendente que lo primero que quiso Carlos Fonseca fue organizar a los obreros. Cuando aquí regresa con Víctor Tirado López, después de la experiencia de río Coco y Bocay, se le encomienda a Víctor que vaya también a los barrios a organizar obreros. Antes de la guerrilla de 1963 la proyección de la energía revolucionaria se enfocaba hacia los barrios, en busca de los trabajadores que vivían ahí.

La aparición del Frente Sandinista de Liberación Nacional en 1961, se expresa en la montaña con un grupo guerrillero y también, aunque sin salir a la superficie, con la actividad de nuestra organización en los centros de producción, en los barrios, y en algunas regiones rurales del país, especialmente entre los trabajadores agrícolas del sector de Occidente, y más particularmente por el lado de El Viejo. No es casualidad que de El Viejo haya surgido Germán Pomares (El Danto), que fue de los primeros combatientes que se integraron a nuestra organización. Hay acción entre algunos trabajadores agrícolas en el sector de Wiwilí, del lado norte del país, y cierta actividad del lado de Estelí.

JACINTO SUÁREZ (1963): En Managua en el antiguo barrio de San Antonio, un grupo de muchachos participábamos en manifestaciones, en pedreaderas de vehículos, en formas diversas de lucha que se daban ahí. Si se quiere en aquel momento como una muchachada, pero que indudablemente indicaba un grado de inquietud política. Porque sentíamos un rechazo hacia la dictadura como lo sentía toda la juventud de Nicaragua. Lo que pasa es que el habernos criado en un barrio como ése nos empujaba más; era una zona particularmente conflictiva porque en la iglesia cercana era en donde se conmemoraban todos los aniversarios de las masacres de estudiantes, de mártires, etc., que siempre terminaban en confrontaciones con la policía. Entonces, los muchachos del barrio tarde o temprano terminábamos implicados también en esos conflictos. De este grupo de muchachos, prácticamente todos pasamos a las filas del Frente Sandinista de Liberación Nacional —unos primero, otros después, unos con un grado de compromiso mayor que otros pero poco a poco todos nos fuimos incorporando.

En ese semillero se formaron los hermanos Ortega. Vivíamos en ese mismo barrio; es decir, a unos 20, 25 metros hacia allá estaba mi casa. Un poco más hacia acá, la del mártir de Pancasán, Francisco Moreno Avilés. En la otra esquina trabajaba un compañero que frecuentaba mucho ese lugar, Selim Schible Sandoval, también caído. Y alrededor de ellos convergía otro grupo de compañeros que habían sido miembros de la Juventud Patriótica. Se conformaba todo un grupo en el cual también estaba, por ejemplo, Edmundo Pérez Flores, que fue asesinado junto con Casimiro Sotelo, y alrededor de ellos gravitaba otro grupo bastante grande —lo que fue más o menos encauzándonos.

Lo que sí yo recuerdo es que en ese momento todos nosotros teníamos una inquietud: veíamos en las calles que aparecía un Frente de Liberación Nacional, que empezaba a distribuir pequeños volantes y a pintar paredes, y nos dimos a la tarea de buscar el contacto con esta organización. Por una cuestión circunstancial nos tocó a mí y a Francisco Moreno ser los primeros en contactar con la organización, y fuimos los primeros en incorporarnos de todo ese grupo. Al cabo de unos meses —incluso podríamos decir hasta un año después—, vino la incorporación poco a poco, hasta que prácticamente todos nosotros nos convertimos en sandinistas, Cada uno tuvo una vida y una trayectoria diferentes dentro del sandinismo, y no todos llegamos al final, pero el grupo se mantuvo más o menos cohesionado. Nunca hubo un traidor en las filas de nuestro pequeño grupo de muchachos.

TOMÁS BORGE (1963): En 1963 aparece el primer grupo guerrillero que organizamos ya con entrenamiento militar, en las montañas que quedan entre un río que se llama Patuca, en Honduras, y un río que se llama Coco, Segovia o Guanquí en Nicaragua, que corren más o menos paralelos. En medio de esos dos ríos, pues, en la zona del río Coco y Bocay, territorio selvático, se estructura el grupo guerrillero que dirige militarmente el coronel Santos López. El coronel Santos López perteneció al "Coro de Ángeles" * de Augusto César Sandino, y además de eso, era ayudante de Sandino cuando ametrallaron la casa de Sócrates Sandino aquí en Managua. Él se salvó con una verdadera hazaña; se salió por una chimenea, después saltó un alambrado, se fue por la orilla del lago de Managua y llegó hasta Honduras herido. ¡Era un viejo valiente! Ya anciano, se fue con nosotros a la montaña y lo nombramos jefe del grupo guerrillero. Esto nos sirvió para que nos enseñara muchas cosas que nosotros no sabíamos. ¡Nos enseñó tantas cosas! Cómo borrar huellas, dónde ubicar los campamentos, cómo realizar ciertos movimientos tácticos. Nos enseñó una famosa emboscada de hosti-

---

* Una columna de niños y adolescentes que lucharon en la montaña con Sandino.

gamiento que hacía Sandino: se ponían tres grupos a lo largo de un camino, y cuando llegaban los yanquis, el primer grupo los dejaba pasar y el grupo de en medio los atacaba, de manera que los yanquis no tenían más alternativa que avanzar o retroceder; si avanzaban caían, y si retrocedían también. Todas esas cosas que nosotros no sabíamos, nos las enseñó el coronel Santos López; todos los trucos guerrilleros que de alguna manera fuimos aplicando posteriormente. No con la riqueza que debimos haberlo hecho, pero bueno, algo hicimos. Algo hicimos, porque ganamos la guerra.

No nacimos como grupo guerrillero sino como una organización revolucionaria que utilizaba la guerrilla como instrumento de lucha. Esto explica por qué cuando desaparece la guerrilla no desaparece el Frente Sandinista, a la inversa de lo que pasó con muchos movimientos de América Latina, que desaparecieron porque eran exclusivamente movimientos guerrilleros. En la derrota del río Coco y Bocay nos quitaron un brazo, pero bueno, los movimientos revolucionarios verdaderos tienen la posibilidad de que les vuelvan a crecer los brazos.

Es bueno señalar las dificultades, los terribles sacrificios que hicieron aquellos combatientes. Alguna referencia se ha hecho ya, pero creo que no se puede destacar demasiado el heroísmo y las cualidades morales excepcionales de los hombres que participaron en la guerrilla de 1963. ¿Faustino Ruiz? ¡Si estuviera vivo ahora sería uno de los hijos más amados de este pueblo! Era un hombre valiente, pero por encima de eso era un hombre generoso, muy desprendido, como debe ser un revolucionario —un hombre que jamás guardaba nada para sí, que todo lo daba— así era Faustino, lo mismo que Jorge Navarro. Faustino estaba más ligado al sector de trabajadores agrícolas, mientras que Jorge Navarro era hombre de ciudad; estudiante. Era un hombre excepcionalmente despierto, alegre, con el humor en los labios. Siempre estaba alegre y siempre, a la vez, era muy exigente; una combinación rara. Hay algunos que no son serios. Él era alegre y serio a la vez, sabía combinar las dos cosas: alegre a la hora de las dificultades y, a la hora del trabajo, sumamente serio.

Una vez anduvieron todos ellos totalmente extraviados, y fueron a aparecer en la cabecera de los ríos que desembocan en el Coco. Se empezó a caminar por un río que apenas llegaba al tobillo. "Bueno, hay que buscar el río", se dijo, "para encontrar el río Grande, y éste nos va a llevar al Coco. ¡Alguna vez tenemos que salir!" Y se empezó a caminar. Y poco a poco el río iba creciendo, llegaba a la rodilla, después a las piernas, después llegó a otra parte, después llegó al ombligo, después a la cintura, después era un río caudaloso. Tuvieron que ir en balsa y hubo naufragios. Se perdieron las armas, las mochilas, y se llegó por fin al río Coco. Eso me da idea del tiempo que se habían extraviado aquellos hombres ¡y sin comer un solo día!

No había comida ahí, ni se encontraban animales para cazar, no había sal, y no sólo el hambre era lo terrible sino el frío constante las veinticuatro horas. Porque como sólo se andaba por el río, sólo se andaba mojado, y la lluvia pertinaz de allí... ¡y el frío! el frío como una especie de tortura constante, y no había con qué cobijarse ni con qué cambiarse de ropa ni nada!

Después hubo algunos encuentros armados y la guerrilla no pudo prosperar, la verdad, porque la guerrilla era muy atrasada. No había conocimiento del terreno, no habían líneas logísticas de abastecimiento, no existían las condiciones para que una guerrilla pudiera prosperar. A pesar de eso, hubo ciertos indicios de apoyo de los campesinos de ahí, de los indios miskitos. Al principio no sabían quiénes éramos nosotros. No sabían cómo se llamaba el presidente de Nicaragua —muchos de ellos, afortunadamente, jamás habían oído pronunciar el nombre de Somoza. (Entonces estaba de presidente aquel títere somocista que se llamó René Schick.) No sabían quién era el presidente y no lograban distinguir mucho entre la Guardia y nosotros, pero se fueron dando cuenta no sólo por la forma en que andábamos vestidos sino por la forma en que los tratábamos, por la forma en que empezamos a hablar de sus problemas, y por los hechos también. Llegamos a un lugar que se llama Raití, y después a otro que se llama Walaquistán. Los comerciantes de esa zona explotaban a los miskitos comprándoles el hule a cambio de mercadería, o vendiéndoles la mercadería carísima. Cuando nosotros llegamos ahí agarramos los comisariatos y les repartimos todo lo que había. Nos dimos cuenta de que nunca habían comido arroz con leche... y les hicimos arroz con leche. ¡Les repartimos todo! Hasta los aretes, los coloretes, esas cosas que vendían allí.

En esas jornadas del río Coco se pasaron muchas dificultades. Después nos decía el coronel Santos López que ni en tiempos de Sandino habían pasado tantas privaciones. Yo insisto en eso porque hay que recordar con mucho respeto los nombres de los mártires que cayeron en esas jornadas: Francisco Buitrago, Jorge Navarro, Mauricio Córdoba, Iván Sánchez, Modesto Duarte, Faustino Ruiz, Boanerge Santamaría —un italiano que vivía en la selva y se hizo guerrillero con nosotros y lo mataron—, y algunos cuyo nombre no se sabe, guerrilleros desconocidos. Hay que recordar con respeto a esos compañeros que fueron los primeros mártires de nuestra organización y que además fueron los poseedores de un capital moral y revolucionario que nos heredaron a nosotros. Lo heredaron a las nuevas generaciones sandinistas, y sin este capital hubiéramos sido pobres. Ellos nos legaron sus recursos morales, la herencia de sus virtudes revolucionarias. Sin 1963 no hubiera sido posible Pancasán, como no hubieran sido posibles las jornadas de Zinica, ni octubre de 1977, ni la insurrección de septiembre, ni la victoria.

CARLOS FONSECA, *Hora 0* (1963) : [2] El movimiento que

[2] *Op. cit.*

culminó en río Coco y río Bocay fue la primera acción preparada por un grupo revolucionario más o menos homogéneo. Este primer intento fue como un tanteo del sector revolucionario. Esta primera derrota empujó a una posición que revistió ribetes reformistas. Es cierto que no se renunciaba a la lucha armada y continuaba la convicción de que esta forma de lucha era la que iba a decidir el desenlace de la revolución nicaragüense. Pero la realidad fue que se interrumpió por algún tiempo el trabajo práctico para continuar la preparación de la lucha armada. Es cierto también que después de la derrota de 1963 nuestro movimiento resultó seriamente quebrantado, pero no se supo encontrar la manera adecuada de superar la crisis interna que se presentó.

Un factor que sin duda influyó en la desviación fue que nuestra derrota armada coincidió con un descenso en el movimiento antisomocista de Nicaragua. En 1963, se interrumpió el ascenso político que se había iniciado con la lucha y victoria del pueblo de Cuba. La base del descenso consistió en que la camarilla somocista realizó con éxito la maniobra de celebrar en febrero de 1963 una farsa electoral para imponer al monigote René Schick. De todas maneras, aunque se presentara ese descenso en la situación general, la dirección del FSLN no comprendió debidamente que esto no significaba más que un fenómeno parcial, ya que en lo fundamental el rumbo del movimiento revolucionario era de progreso y de tránsito hacia la maduración.

Era correcto que en ese período se pasara a un trabajo de recuperación de la organización insurreccional y a acumular nuevas fuerzas para reanudar la lucha armada, pero naturalmente esa meta exigía una continuación ininterrumpida de una serie de tareas de tipo insurreccional: acumulación de recursos materiales, adiestramiento de combatientes, realización de ciertos golpes armados propios de la fase estratégica defensiva, etcétera.

Esta desviación en la táctica se expresó también en

la ideología que adoptaba el Frente Sandinista. Aunque se levantaba una bandera antimperialista y de emancipación de las clases explotadas, se vaciló en presentar una ideología claramente marxista-leninista. A esta vacilación contribuyó la actitud que el sector marxista-leninista tradicional había sostenido habitualmente en la lucha popular nicaragüense. [...] tal sector en la práctica le ha hecho abiertamente el juego a la camarilla somocista. Dicho factor, unido al atraso ideológico que había prevalecido en el sector revolucionario del país, condujo a vacilar en la adopción de una ideología que en el plano nacional estaba vinculada a la componenda. Puede decirse que hizo falta perspicacia para entender en esos momentos que bastaba únicamente que transcurriera cierto tiempo para que la juventud y el pueblo de Nicaragua comenzaran a distinguir entre los falsos marxistas y los verdaderos marxistas.

Por consiguiente, en los años 1964 y 1965, se puso prácticamente todo el acento en el trabajo abierto que incluía el trabajo legal entre las masas. Se realizaron tareas clandestinas sobre todo en el campo, pero el acento principal del trabajo en el curso de ese tiempo fue legal. La realidad demostró que el trabajo legal realizado de esa manera no sirvió para acumular fuerzas y que fue mínimo el progreso que se realizó. No puede ocultarse tampoco que ese trabajo legal, a través del hoy desaparecido grupo Movilización Republicana, del movimiento estudiantil y del movimiento campesino, adoleció de falta de disciplina, audacia y organización. También debe llegarse a la conclusión de que el trabajo revolucionario (ya sea público o clandestino) no puede ser impulsado aceleradamente si se carece de una fuerza armada revolucionaria. La carencia de esta fuerza es la que determinó la extremada limitación del trabajo legal realizado en los años 1964-1965.

Nuestra experiencia demuestra que la fuerza armada revolucionaria (urbana y rural) es el motor del movimiento revolucionario de Nicaragua. La lucha armada es la única que puede inspirar al combatiente revolucionario para cumplir las tareas que la dirección revolucionaria decida, ya sean armadas o de otra calidad revolucionaria.

En el paréntesis entre los años 1964 y 1965 se desarrolló un importante contacto con el sector campesino. En comarcas situadas en puntos opuestos de la región norte del país se establecieron permanentemente compañeros de extracción urbana y se realizaron viajes para conocer de cerca problemas campesinos y organizar en el campo la lucha revolucionaria. Debe decirse, sin embargo, que no se aprovechó en toda su dimensión el amplio contacto que se estableció con los campesinos. En el campo se celebraron algunas reuniones campesinas de masas, se enviaron algunas delegaciones campesinas a la ciudad a denunciar los problemas del campo y los campesinos se mantuvieron en algunas tierras desafiando la violencia de los latifundistas. Sin embargo, no se mantuvo el ritmo acelerado de la movilización campesina. El contacto se conservó sobre determinados puntos y no se extendió a otros lugares en los cuales los campesinos padecen terribles condiciones de vida y de trabajo. Además, si las pocas marchas campesinas sobre las ciudades se hubieran organizado con métodos más audaces, habría participado un número mucho mayor de campesinos, al tiempo que se pondría en acción a un número más amplio de lugares.

En varios lugares se prolongó por demasiado tiempo el contacto individual con ciertos campesinos sin proceder a la movilización de la masa campesina. Las invasiones de tierra por los campesinos que habían sido despojados casi no se realizaron.

En el desprecio de las posibilidades que se presentaron desempeñó un papel decisivo la falta de cuadros dirigentes dotados del desarrollo adecuado y la decisión necesaria para organizar la lucha de las masas populares. Careciendo de campamentos guerrilleros se tornaba imposible impartir adiestramiento a los cuadros para organizar la lucha de los diversos sectores del pueblo nicaragüense.

JACINTO SUÁREZ (1963): Es un grupo que no llega a diez lo que queda en la montaña después de río Coco y Bocay: Tomás Borge, Silvio Mayorga, Rigoberto Cruz, Germán Pomares, Víctor Tirado... Los que deciden continuar son los núcleos urbanos que habíamos quedado, porque incluso quienes quedaron en ese momento con decisión de continuar estaban fuera del territorio nacional. Entonces el Frente era prácticamente un pequeño grupo que llegaría tal vez a unos veinte, calculo yo, en las ciudades.

Claro, estaba Carlos también aquí. Estuvo a la cabeza de esto hasta que lo capturan en un barrio de Managua en 1964. Para mí, era un ser como mítico, ¡era un ser mítico! Además yo recuerdo que a nosotros se nos decía: ya Carlos sabe de vos, dice tal y tal cosa, tiene tal opinión de vos. Porque, lógicamente, era un grupo tan pequeño que se tenía una información bastante pormenorizada de cada uno.

Entonces, el que a nosotros un ser de leyenda nos felicitara ¡era algo que a los 17 años nos elevaba y nos entusiasmaba! Ésa es la historia tan poco conocida del Frente de aquellos años, tan poco divulgada.

2. INTERVALO LEGALISTA (1963-1967)

JACINTO SUÁREZ (1963): Son los años de la demagogia de la burguesía opositora. Ésos son los años del Partido Conservador y su líder, Fernando Agüero. No existía, digamos, un mayor peso represivo en contra de ellos. Hay que recordar que ese año particularmente —1963— es el llamado "gobierno de derecho" del doctor René Schick: la dictadura quiso, al calor de la Alianza para el Progreso, darse un baño de democracia y puso a Schick de títere para que no se hablara más de la dinastía. Yo recuerdo que en esos años sí hubo una represión muy cruda en el departamento de Chinandega: se trató de los famosos crímenes del coronel Juan Ángel López. Fueron asesinados cerca de 300 campesinos que estaban formando organizaciones sindicales. Se hizo un arreglo entre los terratenientes y la jefatura de la Guardia Nacional para limpiar de sindicalistas ese sector, que era un sector algodonero. Hubo centenares de crímenes en esa zona. ¡Ahí quedaron panteones!

Había trabajo del Frente Sandinista. Yo tuve oportunidad de trabajar en la zona, y fui uno de los que tuvo la suerte de lograr escapar a los operativos represivos que hacía Juan Ángel López cuando detectaba trabajo político.

Otra zona que era bastante represiva en 1963-1964 era la zona de Matagalpa, donde estaban surgiendo un sindicato y cooperativas campesinas. Había ahí un movimiento dirigido por el Frente. Eran también los primeros años de trabajo campesino del Partido Socialista Nicaragüense —trabajo que más tarde se descabezó. Había también mucho movimiento espontáneo. Matagalpa y Chinandega eran las zonas más neurálgicas de la represión.

El Frente entonces hablaba de una transformación

1963-1967

revolucionaria. Se nos hablaba en un lenguaje revolucionario, pero sin que se nos definiera propiamente dentro de una armazón teórica como tal.

El sueño de nosotros era el fortalecimiento militar y la contundencia con que se pudiera golpear.

JACINTO SUÁREZ (1964): Después de lo de Bocay se plantea ya el trabajo de masas. Eran años en que no teníamos nada —así hay que decirlo— ¡no teníamos nada! ... un mimeógrafo de madera, una casa de seguridad, una fábrica de crayones, unas cuantas yardas de tela, dos pistolas a lo más, y muchas ganas de trabajar.

Yo estudiaba en la escuela secundaria. Recuerdo que en 1963 revivimos y le dimos un carácter sandinista al Frente Estudiantil Revolucionario (FER). Yo ya tuve oportunidad de participar en eso. El Frente decidió ampliar el trabajo de la Universidad, el trabajo de los estudiantes y del FER concretamente hacia las escuelas secundarias. El FER había sido fundado un año antes y las escuelas secundarias fueron incorporadas a lo que se llamó el Segundo Congreso Nacional de Estudiantes Revolucionarios.

En esa época también se nos mandó a alfabetizar en los barrios, a abrir pequeñas escuelas, sin ninguna metodología, por supuesto, sin nada más que el corazón para abrir pequeñas escuelas donde reuníamos a algunos habitantes del barrio y les dábamos clase a la manera que nosotros entendíamos que era correcta. Recuerdo que, por ejemplo, les enseñábamos a leer a los adultos poniéndoles en el pizarrón consignas revolucionarias: "¡Viva Sandino!" "¡Sandino fue un gran general!" No existía, pongamos, una política partidaria de implementar consignas, de proyectar consignas, o de movilizar a través de consignas, sino a la manera que nosotros entendíamos que debía de ser. Trabajamos con algunos obreros aun en los barrios.

Al comienzo, en el barrio había una especie de expectativa, de curiosidad al ver a un grupo de chavalos que se interesaban por enseñar a leer. Entonces nos enviaban a los muchachitos que no tenían escuela o que estaban en la escuela en el día "para que adelantaran," decían ellos, "para que supieran más." Ahí nosotros estábamos disponibles el tiempo que ellos quisieran.

Participamos casi todos, pues hay que ver lo que era el Frente en esos años. Pero ya de ahí surge un Carlos Reyna, que vino a caer en Pancasán. Él se convirtió poco a poco en líder de algunos barrios de Managua. Ya para los años 1965, 1966 se fundaron los llamados comités cívicos populares: comités que orientaban luchas reivindicativas básicamente.

El hecho es que uno llega al barrio y no convive con la gente: llega casi siempre con una actitud paternalista. Ése es un fenómeno bastante generalizado. Llega uno casi siempre con esa actitud, pero al tener contacto con la miseria, con los problemas del barrio, uno se sensibiliza. Trata de comprender más a la gente. A nosotros, por cuestión de vocabulario a veces y otras por no entender verdaderamente la forma de ser de esa gente, se nos hacía más difícil la comunicación. Por eso anotaba el caso de Carlos Reyna: Carlos Reyna era un obrero nacido a orillas del lago, en un barrio miserable que precisamente ahora lo bautizaron con el nombre de él. Ahí nació Carlos Reyna, ahí se crió y eso le permitió compenetrarse con esa gente y conocer mejor sus problemas.

A pesar de cierto repliegue después de río Coco y Bocay el Frente nunca dejó que se perdiera la preparación para la lucha armada. Desde que llegué al Frente siempre hubo, de una manera u otra, entrenamiento militar. Nos juntábamos los domingos, por ejemplo, y empezábamos a caminar; llegábamos a un lugar y nos daban un garrote a cada uno y nos ponían pruebas. Por ejemplo: si empezaba a caer un aguacero, nadie tenía derecho a guarecerse, había que mojarse; puesto que en la guerrilla uno se mojaba, entonces había que mojarse y acostumbrarse a estar remojado. ¡Y era un delito grande que alguien llevara comida!

Y entonces, ya con todas esas experiencias, poco a poco uno va ganando el entusiasmo; va comprendiendo cada vez más lo que es la revolución y va adquiriendo la fe. Además, uno ve que aquí existía ya un pueblo que verdaderamente sentía odio hacia la dictadura, un pueblo al que se le veía coraje, decisión, pero que hacía falta despertar y encauzarle todas las energías. Uno sentía que el nicaragüense era el inconforme, el opositor, el antisomocista perenne que expresaba a diario, de una u otra forma, su inconformidad y su intención de que esto cambiara, de que la dictadura cayera. Entonces uno pensaba: "Bueno, si todo este pueblo piensa así, lo que falta es que nosotros le enseñemos y que llegue a tener esa confianza, ese espíritu que nosotros tenemos, y esto se acaba." Entonces vivíamos soñando con las columnas guerrilleras desplegadas al estilo de las de mediados de julio; las columnas victoriosas. Y vivíamos imaginándonos quiénes iban a llegar a ese día, y todo el mundo decía: "¡Bueno, pues yo llego!" ¡Nadie quería quedarse en el camino!

Incluso yo recuerdo que a mí me capturaron en dos ocasiones en esos años y me decían: "Bueno pues, ¡ustedes están locos!" La misma Guardia decía: "¡Ustedes están locos! ¡Si aquí uno está tranquilo, está trabajando... aquí nadie está pensando en revolución ni en nada! Ustedes están locos perdiendo su vida como pendejos. Dedíquense a estudiar, hagan su vida, hagan su familia, su casa... Montones de gente han pasado por aquí a través de los años. Tarde o temprano terminan trabajando con nosotros. Ahorita estamos platicando con ustedes y los estamos vergueando sólo para que aprendan y recapaciten. Después, cuando tienen el ojo morado de cuatro garrotazos, los hacemos que piensen. ¿Ydiay? Van a venir a pedirnos trabajo a nosotros. Van a venir, y si no nos piden trabajo pues se dedican a hacer su vida y se olvidan de toda esta mierda." Es decir, incluso ellos mismos no veían esto como una cosa grave. Nos veían como a un grupo sin porvenir.

El somocismo comienza a sentir un peligro real y a concebirlo como tal después de Pancasán. Antes veían un peligro real en dos o tres personas que ellos sabían que estaban generando un trabajo, pero fuera de ellos no veían un peligro real. José Benito Escobar, Silvio Mayorga, Carlos Fonseca, más tarde Oscar Turcios... ellos sí eran capaces de generar en torno de un pequeño grupo con pocas perspectivas, un movimiento. Era un peligro inminente para sus instituciones y eso sí lo tuvieron claro. Al Frente Sandinista como organización —un grupo de Quijotes por así decirlo— no lo veían como una amenaza, y más dada la juventud de casi todos sus militantes.

TOMÁS BORGE (1966): La derrota militar de 1963, que fue una derrota estratégica desde el punto de vista militar, produjo un repliegue en la actividad militar del Frente Sandinista; un repliegue tal vez excesivo porque caímos en una cierta posición conservadora en lo que se refiere a la lucha armada. No dudábamos de la justeza de la lucha armada pero en la práctica caímos en esa posición, y no fue hasta 1967, con la jornada de Pancasán, que se reactivó la guerrilla.

Pasaron cuatro años y nos vinimos a las ciudades y se hizo una alianza entre las fuerzas de izquierda. Había un partido, que en paz descanse, que se llamaba Movilización Republicana, y estaba el Partido Socialista Nicaragüense.* Se hizo una alianza tripartita de la izquierda: el Frente Sandinista, el MR y el partido socialista.

—JACINTO SUÁREZ: Movilización Republicana era una especie de partido de la pequeña burguesía radicalizada que había sido impulsada en sus inicios por un grupo

* Partido comunista.

de profesionales con una clara línea antimperialista. Más tarde se le unieron elementos del partido socialista, y luego algunos cuadros del Frente Sandinista —destacadamente, Tomás Borge.

Aquí hay un factor que cuenta: hay un folleto de Carlos Fonseca escrito en 1964 llamado *Desde la cárcel yo acuso a la dictadura,* en el cual él habla del partido, de la nueva generación del partido sandinista, como le llama él... el partido de los revolucionarios, de la bandera rojinegra que agrupe a todos los sectores antisomocistas y antimperialistas. Quizá Movilización Republicana no se veía como un proyecto del partido sandinista, pero sí como un proyecto de masas.

—TOMÁS BORGE: Allí anduvimos nosotros, pero digamos que la dirección de esa actividad no estaba en manos del Frente Sandinista. Hay que recordar cómo se formaron estos partidos —su carácter economicista, su estilo reivindicativo, y electorero además. Fuimos a los barrios y no logramos nosotros darle un carácter revolucionario a aquella lucha; no logramos darle un carácter político, sino que predominó el afán reivindicativo inmediatista: que había que pedir que le pusieran alumbrado a las calles o que regaran, que la Aguadora * llegara a regar las calles porque había mucho polvo, que no había agua, o que estaba muy cara, que pusieran un bus... cosas de ésas. No está mal luchar por eso, pero era lo único por lo que se luchaba, y además haciéndole propaganda al candidato a la presidencia por el partido oficial de oposición, ya que eso era lo que hacíamos.

JACINTO SUÁREZ (1966): Ya a finales de 1966 se comienza a hablar nuevamente de la preparación para la lucha armada. Vuelve Carlos Fonseca Amador a Nicaragua —y debe recordarse que después que salió

* Empresa estatal que controla el sistema de alcantarillado y distribución del agua.

de la cárcel lo enviaron a México— en donde estuvo un tiempo; luego entró a Costa Rica y de Costa Rica a Nicaragua clandestinamente. De ahí se fue a La Habana a participar en la Conferencia Tricontinental. Ya se está hablando de lucha armada y ya se está hablando de la formación de unidades guerrilleras.

JACINTO SUÁREZ (1967): En este año hay un breve paréntesis que es el 22 de enero. Marca la culminación de la campaña electoral de la burguesía y es a la vez su tumba política. Ahí fue donde la burguesía le enseñó al pueblo cuáles eran sus verdaderas intenciones, sus verdaderos intereses. El partido conservador, dirigido por Fernando Agüero, intentó conseguir la renuncia de Somoza a través de una movilización del pueblo de Nicaragua. Ésa era la petición. Se lanzó a la gente a las calles el 22 de enero y se planteó que no se iban a retirar hasta que renunciara Somoza. Existía un acuerdo entre los dirigentes de la burguesía opositora para que el estado mayor tomara el poder con el respaldo de la oposición y se sustituyera a Somoza. A la par, existía un plan armado: una breve insurrección de dos o tres días con la esperanza de provocar una intervención estadunidense tipo Santo Domingo.

La Guardia colocó unas tropas de contención frente a los manifestantes; y en medio de la manifestación, grupos armados de la burguesía opositora, actuando con una irresponsabilidad criminal, iniciaron un enfrentamiento con la tropa. Para suerte del pueblo, la masacre comenzó en horas de la tarde, cuando ya una buena parte de los manifestantes se habían retirado. Aun así, fueron más de 200 los muertos esa tarde. ¿Qué línea adoptó el Frente en ese momento? Se condenó el proceso electoral, se condenó a la burguesía opositora y se publicó el primer volante que yo recuerde, firmado por la dirección nacional del Frente Sandinista con nombres y apellidos: Carlos Fonseca, Oscar Turcios, Silvio Mayorga, y Conchita Alday, que era el seudónimo de Doris Tijerino, miembro en aquel momento de la dirección nacional. Después de esa matanza, la burguesía pacta con Somoza y nosotros seguimos planteando la vía armada y seguimos desenmascarando a los politiqueros. Parecía que ya la oposición había muerto. Como que aquí Somoza ya era omnipotente y eterno en el espacio y en el tiempo. Pero aparecen en ese momento las acciones urbanas. El mismo día que la oposición burguesa está tomando posición al lado de Somoza y se va a sentar a las bancas del Congreso Nacional, ese mismo día, el 1 de mayo de 1967, ya nosotros estamos saludando al dictador con una campaña de asaltos bancarios, de bombas, que empieza a hacer que se sienta al Frente Sandinista de Liberación Nacional como una realidad política.

Ahí es donde el enemigo llegó a medir verdaderamente lo que éramos nosotros y de lo que éramos capaces, y se empieza a crear en el pueblo nicaragüense una expectativa real por el Frente Sandinista de Liberación Nacional, una simpatía real. Es cierto que no gozábamos de un apoyo altísimo, pero sí teníamos ya la patente política que nos daba nuestro pueblo como los verdaderos abanderados de la lucha: la patente de que la lucha armada, de que la lucha guerrillera era el camino válido, y de que el Frente Sandinista de Liberación Nacional era el que cargaba sobre sus hombros la responsabilidad de destruir a la dictadura.

3. DE PANCASÁN A LA EXPERIENCIA URBANA (1967-1970)

JACINTO SUÁREZ (1966): El Frente Sandinista no había abandonado la montaña; allá había un grupo de compañeros, de los cuales el más destacado, el más sobresaliente, era Rigoberto Cruz. "Pablo Úbeda" era el nombre con que se le conocía en la montaña, y ya tenía muchos campesinos que constituían una afiliación sandinista para el Frente. Vale la pena anotar otra cosa: hasta entonces, nosotros no habíamos tenido un mecanismo para canalizar algunas luchas reivindicativas de los campesinos, y éstas se habían canalizado, por ejemplo, a través de la Confederación General del Trabajo, que era un organismo del partido socialista.

Esta lucha campesina era reivindicativa, pero tenía un carácter netamente sandinista, y poco a poco se fue implementando la línea de darle formación a los campesinos. Ya a finales de 1966, el Frente Sandinista incluso había hecho un seminario campesino. Había traído campesinos de la montaña misma a Managua —Jacinto Hernández, que llegaría a ser miembro de la dirección nacional; Bernardino Díaz Ochoa, que tenía vínculos con el Frente aunque era miembro del comité central del partido socialista— y había algunos compañeros de la ciudad, además de Pablo Úbeda, que se habían trasladado a la montaña de Pancasán. Incluso José Benito Escobar estaba viviendo en Pancasán en una finca en donde se empezaba a generar el movimiento guerrillero. En la ciudad se comenzaba a sacar compañeros de las universidades y de los frentes de trabajo que se tenían. Unos para mandarlos al exterior en vías de preparación (entre ellos iba Humberto Ortega, que salió del país como por marzo de 1967), y otros para mandarlos directamente a la montaña.

El período de lo que nosotros simbolizamos como la guerrilla de Pancasán, pero que es una serie de hechos, queda entre mayo y agosto de 1967. Termina la guerrilla en la montaña, hay un revés militar, comienzan a destruirse las bases de la guerrilla urbana, hay compañeros capturados, muertos. Pero aquí, en este pueblo, ya existía la fiebre de los sandinistas, ¡los sandinistas aparecían por todos lados! Ya se empieza a sentir un ambiente como de guerra, lo cual quiere decir que estamos en guerra verdaderamente, y comienza la persecución feroz e implacable en contra nuestra.

TOMÁS BORGE (1967): En 1967 nos derrotó la Guardia, no la naturaleza. Se metió la Guardia en el momento que estábamos divididos en tres grupos y desbarataron al más grande. Mataron a casi todos los compañeros. Pero Pancasán, que fue una derrota militar nuestra, significó una extraordinaria victoria política del Frente Sandinista, porque fue el señalamiento de dos caminos: el electoral o el militar. El camino que señaló el Frente Sandinista de Liberación Nacional en aquel instante fue el camino que siguió en última instancia nuestro pueblo: el camino de la guerra revolucionaria.

En 1963 tuvimos un repliegue hacia posiciones conservadoras. En 1967 hubo otro repliegue, pero no hacia posiciones conservadoras, sino para fortalecer el movimiento revolucionario. Empezamos a entender en aquel momento que era necesario aumentar nuestra capacidad militar a la par que se elevaba el nivel político de los cuadros, y nos dimos a esa tarea. Empezamos a organizar escuelas militares aquí dentro de Nicaragua. A los compañeros que trabajaban en los regionales, que trabajaban en los barrios, en los sindicatos, entre los estudiantes, los metíamos en una escuela militar, con una disciplina muy rigurosa, muy dura. Nos dimos a la tarea de educar a nuestros cuadros en la lucha práctica, en el enfrentamiento con el enemigo, alimentando a la organización de las tradiciones heroicas de nuestro pueblo; les dimos estímulos morales a los compañeros— porque el nivel ideológico es importante, pero junto a eso hay que cultivar las cualidades morales. ¡Están íntimamente ligados!

CARLOS FONSECA, *Hora 0* (1967):[3] Una causa importantísima que impidió el éxito del movimiento de Pancasán fue el método equivocado que se siguió para hacer participar en la lucha al campesino. La forma que se utilizó fue la de reclutar un número de campesinos para que formaran parte de la columna regular. Es decir que estos campesinos fueron mezclados en su totalidad con los combatientes obreros y estudiantes, o sea, los combatientes de procedencia urbana.

Los militantes de procedencia urbana generalmente poseían una conciencia revolucionaria más elevada que la del conjunto de campesinos, que se desmoralizaban ante las primeras dificultades con que nos tropezamos: escasez de abastecimientos, ciertas marchas lentas y los primeros rumores de presencia de soldados enemigos por los caminos vecinos. Esto obligó a la dirección a dar de baja a la mayoría de los campesinos, aunque hubo honrosas excepciones que se negaron firmemente a aceptar la baja y que son un ejemplo de las posibilidades combativas de ese sector.

Por otro lado, no se encontró la forma de hacer participar en la primera etapa de la guerra revolucionaria que se preparaba a los campesinos de comarcas situadas a algunas jornadas de distancia, y con los cuales previamente se había establecido contacto organizándolos en la lucha por la tierra y por otras reivindicaciones. Algunos de los campesinos que llegaron a formar parte temporalmente de la guerrilla habían sido trasladados desde sus comarcas hacia los campamentos.

Cuando ya era un hecho la interrupción del movimiento guerrillero en Pancasán, se ha venido a saber

[3] *Op. cit.*

que algunos de los campesinos que desertaron de la guerrilla, una vez que llegaron a sus comarcas, tomaron parte en asaltos armados a comisariatos o establecimientos comerciales rurales, lo mismo que en el ajusticiamiento de algunos conocidos delatores. Esto indica que algunos de los campesinos que se desmoralizaron, en buena medida sufrieron esa crisis porque no estaban organizados de la manera más apropiada, que probablemente hubiera sido la de una guerrilla irregular en lugar de una guerrilla regular. La experiencia conduce a reflexionar acerca de la posibilidad de organizar paralelamente la guerrilla irregular al lado de la guerrilla regular. No omitimos señalar que la importancia del trabajo entre los campesinos podemos medirla mejor actualmente de acuerdo con nuestra propia experiencia, y no sólo apoyándonos en la que suministran otros movimientos guerrilleros de América Latina.

Otro aspecto que debe ponerse de relieve es el que se refiere a la insuficiente cantidad de cuadros para atender todas las tareas que exigía la preparación del trabajo, no solamente en la ciudad y el campo, sino aun afuera del país. La dirección del Frente Sandinista toleró por demasiado tiempo el sectarismo que impidió promover la cantidad suficiente de nuevos cuadros procedentes del sector obrero desarrollado políticamente y del sector universitario. Se deseaba alcanzar con desesperación metas excesivamente grandes, sin que se aprovechara siempre cada día para la realización de tareas adecuadas.

No se vinculó el trabajo insurreccional con la lucha popular, general, especialmente con la lucha campesina, estudiantil, obrera. Estuvo bien que el Frente pusiera el acento principal en el trabajo insurreccional, pero fue un error abandonar otras formas revolucionarias de lucha. La táctica sectaria pesó demasiado y fue la que decidió la marcha del trabajo en el curso de la preparación del movimiento de la montaña.

JACINTO SUÁREZ (1967): Destruido Pancasán, capturaron a una enorme cantidad de compañeros. ¿Y qué respuesta da el Frente Sandinista? Ahí ajusticia a uno de los más famosos esbirros de la Oficina de Seguridad somocista, Gonzalo Lacayo. La reacción del enemigo fue brutal: responde con el asesinato de Casimiro Sotelo y tres compañeros más, Edmundo Pérez, Hugo Medina y Roberto Amaya. Responde llenando las cárceles —ahí quedo yo, ahí queda Daniel Ortega, ahí queda todo el mundo. Después del ajusticiamiento de Lacayo y de toda esta feroz represión, aparecen del Frente Sandinista solamente Carlos Fonseca y Tomás Borge en una casa a cuatro llaves huyendo de la persecución enemiga, y Filemón Rivera por allá en el norte. Eso es lo que queda del Frente Sandinista en Nicaragua. En Cuba queda también un grupo de combatientes que habían sido sacados del país para ponerlos a resguardo —entre ellos Víctor Tirado y Germán Pomares.

JACINTO SUÁREZ (1968): Pero en medio de todo esto, de toda esta situación, se comienza a discutir en el seno del Frente Sandinista qué somos ¿partido, grupo armado, foco? ¿Qué somos? Se comienza a cuestionar la famosa teoría del foco y se comienza a tratar de definir; bueno, ¿qué cosa es el Frente Sandinista, qué somos, para dónde vamos, qué queremos? El resultado de ello es que Carlos Fonseca tiene que salir de Nicaragua para asistir a una reunión de cuadros en Costa Rica con los compañeros que están llegando del exterior. Ahí ya llega incorporado Henry Ruiz (Modesto), que había dejado sus estudios en la Patrice Lumumba y se había sumado a los compañeros que estaban en Cuba. Viene una incorporación bastante buena de compañeros.

En Costa Rica se elabora el anteproyecto de estatutos y el anteproyecto del programa para ser discutido en esa reunión. Participaron prácticamente todos los compañeros, salvo Julio Buitrago, que quedó al frente del trabajo en Nicaragua. Se trataba también de que Carlos Fonseca, desde San José, escribiera algunas páginas que sintetizaran la experiencia del Frente Sandinista. Costa Rica dejó como resultado la captura de algunos compañeros y la deportación también. Ya está Víctor Tirado en Costa Rica, hay un contingente de compañeros bastante grande. Así aparecen, a comienzos de 1969, nuestro programa y nuestros estatutos, y comienzan a ser divulgados con todos los medios que teníamos en ese momento: pequeñas impresiones que se enviaban por correo a los medios de prensa, se distribuían en las universidades, en uno que otro sindicato, y en algunos lugares donde teníamos trabajo político.

CARLOS FONSECA, *Hora 0* (1969): [4] El pueblo de Nicaragua sufre el sojuzgamiento de una camarilla reaccionaria impuesta por el imperialismo yanqui prácticamente desde 1932, año en que Anastasio Somoza García fue designado jefe director de la llamada Guardia Nacional (GN), cargo que en las anteriores ocasiones había sido ocupado por oficiales yanquis. Esa camarilla ha reducido a Nicaragua a la condición de una neocolonia, a la cual explotan los monopolios yanquis y la clase capitalista del país.

La crisis económica que ha venido sufriendo el país se ha agudizado actualmente. En los años inmediatamente anteriores a 1966 la economía creció a una tasa anual del 8%. En cambio, en 1966 y 1967, descendió a 3.1 y 4.6%, respectivamente. La producción de algodón, que desde 1950 había venido logrando un cierto crecimiento, en el futuro es poco lo que podrá aumentar. Por una parte, se presenta una saturación del mercado capitalista exterior abastecido por la producción nacional. Y por otra, surge la competencia de la fibra artificial. De hecho, la cosecha correspondiente

[4] *Op. cit.*

a la siembra de 1968 ha sufrido un serio descenso en los precios ofrecidos por el mercado capitalista exterior. Esto último ha inducido al gobierno del país a establecer relaciones comerciales con algunos países socialistas, en los cuales será colocada una parte de la cosecha de algodón. Este cultivo comprende el 26% de la tierra sembrada en Nicaragua.

En cuanto al café, que es el segundo producto de exportación, existe ya una superproducción que no puede ser colocada en el mercado capitalista. Respecto al azúcar, fuentes oficiales afirman que es improbable que el ritmo de expansión de dicho producto pueda detenerse en el futuro inmediato. La explotación de minerales como el oro y el cobre, que se encuentra directamente en manos de inversionistas extranjeros, paga al fisco sumas ridículas por concepto de impuestos. Paralelamente, ha continuado la entrega de las riquezas nacionales a los monopolios yanquis. En 1967, por ejemplo, fue puesta en vigor una ley que convierte a la compañía yanqui, Magnavox, compañía especializada en la explotación de bosques, en dueña absoluta de un millón de hectáreas del territorio nacional.

Al mismo tiempo, la camarilla gobernante maneja los fondos de los bancos estatales como si fueran fondos personales, mientras los vicios y el contrabando alcanzan dimensiones superlativas. La familia Somoza, que al asumir el poder disponía de recursos económicos muy limitados, ha obtenido un vasto feudo, cuyos dominios rebasan las fronteras de Nicaragua y se extienden a los demás países de Centroamérica.

En Nicaragua prevalece, además, una injusta distribución de la tierra. Informes estadísticos correspondientes al año 1952 señalan que unos pocos propietarios controlan el 50% de la superficie total de las fincas particulares.

Nicaragua ofrece condiciones excepcionales para el desarrollo de la ganadería. Sin embargo, ha descendido el consumo de productos derivados del ganado y el aumento de las exportaciones en buena medida ha dependido de la venta al exterior de hembras que hubieran contribuido a un aumento de la cantidad de animales.

Las ventajas que ofrece a los grupos exportadores el cultivo de productos para el mercado externo, y en este caso la siembra del algodón, ha provocado que el cultivo de los productos alimenticios se efectúe en las peores tierras, lo que al mismo tiempo ha obligado a la importación para atender este importante renglón.

Nicaragua está entre los países que han resultado más perjudicados por la llamada integración económica centroamericana. Es sabido que tal integración no ha sido más que un plan para multiplicar el sometimiento económico de Centroamérica a los monopolios yanquis. Este escandaloso hecho ha alcanzado tal magnitud que voceros del propio régimen nicaragüense se han visto en el compromiso de declarar públicamente que las industrias establecidas como resultado de la integración no favorecen al desarrollo económico nacional.

En Nicaragua, al igual que en los demás países de Centroamérica, no existe producción de petróleo. Sin embargo, se ha afirmado que si existieran posibilidades de explotar el petróleo en Centroamérica, los monopolios yanquis tienen interés en ocultarlo con objeto de mantenerlo como reserva en caso de que se establezcan gobiernos revolucionarios en países donde actualmente saquean el petróleo.

Aunque el sector capitalista gubernamental representa la parte dominante dentro del conjunto de la clase capitalista del país, debe señalarse que en la explotación del pueblo de Nicaragua interviene también el sector capitalista que se denomina a sí mismo opositor. Muchas veces gobernantes y "opositores" explotan conjuntamente importantes renglones de la economía nacional, como en los casos del azúcar, la leche, la prensa, la banca, las licoreras, etcétera.

El sistema económico que refleja los puntos que se han señalado hace víctimas de la explotación y la opresión a las clases restantes que componen el pueblo de Nicaragua. La pésima alimentación de las clases trabajadoras ha provocado numerosas muertes por hambre. En 1964 se supo que centenares de campesinos de la comarca Tempisque, en el departamento de Matagalpa, habían perecido a consecuencia del hambre. En diversas comarcas del norte del país es muy frecuente el padecimiento de bocio. En la comarca de Malacaguas se han presentado casos de demencia colectiva, provocados por la pésima alimentación; ceguera nocturna, originada por la deficiencia de vitamina A y de proteínas, se padece en comarcas del municipio de Darío.

Hace pocos años el resultado de los exámenes realizados en una escuela ubicada en las Jinotepes, comarca situada cerca de la capital del país, indicó que la totalidad de los doscientos alumnos padecían tuberculosis.

Solamente el 1.1% de la población nicaragüense ha aprobado todos los años de la enseñanza primaria. Un 50% de la población no ha aprobado ningún grado de enseñanza. La proporción de alumnos que abandona la escuela en el primer grado o repite cursos, es elevadísima (73%). Asciende a sólo 21% la proporción de la población estudiantil procedente del sector de la sociedad con niveles de ingreso inferior o igual al promedio del país. De 200 000 jóvenes de catorce a diecinueve años de edad, apenas llegan a 20 000 los que realizan cursos de bachillerato, educación comercial, vocacional y agrícola.

La mortalidad infantil alcanza niveles pavorosos en Nicaragua. Más del 50% de las defunciones que ocurren en el país responde a personas menores de catorce años. De cada 1 000 niños que nacen, mueren 102. De cada 10 muertes, 6 se deben a enfermedades curables. El coeficiente de reacciones positivas de malaria comprobado en recientes investigaciones oficiales es 9.28%. Mientras que en Costa Rica es de 0.96% y en Panamá de 4.98%.

OMAR CABEZAS (1968): Yo estaba muy consciente de que era de familia proletaria, y entonces cuando se hablaba en la universidad de la injusticia, de la pobreza, yo siempre me acordaba de mi barrio. En la cuadra de mi casa había nada más como seis casas; unas eran de madera, unas de barro, pintadas con cal blanca. La calle no estaba pavimentada ni adoquinada y en el verano se levantaban unas polvaredas que cuando uno estaba comiendo se quedaba en el plato una capita café de polvo. Nosotros lo cubríamos con las manos, pero el polvo se metía igual, y cuando seguíamos comiendo los dientes nos rechinaban. Mi mamá decía: "Coman, coman rápido o les va a seguir cayendo canela." Así decía mi mamá.

Yo, de muchacho, en la universidad, ya empiezo a oír de las protestas y todo eso y me empieza a gustar la cuestión, y empiezo a participar en las manifestaciones y en las asambleas, sin estar alineado en ninguna organización estudiantil.

Pero un día viene Juan José Quezada y me dice: "Flaco, mirá... este... ¿estarías vos dispuesto a adquirir un compromiso mayor con el pueblo y con la organización?" ¡La Sangre de Cristo!, pensé yo por dentro, ¡ya sé qué es esta mierda, ya sé por dónde viene este hombre! Yo me imaginé que me iban a mandar a poner bombas... y luego a la montaña. Mientras más cosas me imaginaba, el miedo era mayor; pero por supuesto, yo estaba de lo más serio y sereno delante de él, y entonces, más por confianza en él que por convicción le digo: "Sí hombre, perfectamente..." Porque allí también había una cuestión como de hombría. Es decir, yo estaba consciente de que quería luchar contra la dictadura, pero no estaba muy seguro de poder llevar un compromiso hasta las últimas consecuencias. La firmeza política se va definiendo poquito a poco —o por lo menos, en el caso mío particular fue así.

"Bueno," me dice Juan José, "entonces te voy a poner en contacto tal día a tal hora en la esquina opuesta a la iglesia de Zaragoza, donde va a pasar un muchacho bajito, como de veinte años, que tal vez lo conozcás: pelito crespo, corto, para atrás, con unos anteojos que parecen de soldador, y que tienen un puente dorado... Él te va a decir: "¿Vos sos Omar Cabezas?" y vos me le vas a responder: "Sí, sí, sí, el mismo de San Ramón." Yo me aprendí eso y me fui al punto. Entonces el tipo pasó y me dijo: "¿Qué hay Omar?", me dejó sin la respuesta.

Él había cambiado más que yo, por eso no lo reconocí. Era un compañero que había estado conmigo en el colegio San Ramón, en primaria, que había estado en el seminario haciéndose cura en Managua y luego en Honduras; que se salió del seminario y se metió a las guerrillas. Ése era el compañero Leonel Rugama. Ése fue mi primer responsable a nivel del Frente.

Yo no me acordé que lo conocía hasta después que pasó un compañero, un gran fisonomista amigo mío, cuando estábamos en el parque platicando. Llega y dice: "¿Ydiay Leonel?" Y el otro me había dicho que se llamaba Marcial. "¿Cuál Leonel?" le dijo, "si yo me llamo Marcial", le dice. "Ay, no jodás, si vos sos Leonel Rugama y ya nos conocíamos en el San Ramón." Ah jodido, dije yo, si éste es Leonel Rugama, es cierto. Y me acuerdo que me debe veinte pesos de pan.

Porque él era interno de San Ramón, y como yo era externo, me pedía que le trajera dos pesos de pan, y me pagaba luego, como por amistad, ¿sí? Entonces él de repente se desapareció del San Ramón, y se me robó los veinte pesos de pan.

En su trabajo político, Leonel siempre apuntaba a una sola cosa: Leonel te planteaba la cuestión de ser hombre, pero ya en este caso no el macho sino el hombre que adquiere una responsabilidad histórica, un compromiso con los demás y que da todo para los demás. La estrella de Leonel era el comandante Ernesto "Che" Guevara, que tenía entonces apenas meses de muerto. Leonel basó casi toda mi politización en el compromiso que tiene el hombre de sacar al hombre de la pobreza, de la explotación, de ascender el escalafón revolucionario. Incluso yo me acuerdo que un día, antes de que lo reconociera en el parque, hubo un debate en la universidad y yo me acerqué a uno de los corrillos que se formaron. Leonel era el centro de ese corrillo, y Leonel era marxista, ateo y anticlerical, por supuesto. Entonces recuerdo que él estaba diciendo, frunciendo el ceño así como hacía: "¡Hay que ser como el Che... ser como el Che... ser como el Che!" Y yo me fui con la idea grabada: "... ser como el Che..." Jamás me imaginé la influencia que eso iba a poder tener en mí, porque efectivamente, tiempo después empecé a estudiar al Che. Y aquí hay algo que no me avergüenza decir ni mucho menos: yo conozco a Sandino a través del Che, porque me doy cuenta que en Nicaragua para ser como el Che, hay que ser sandinista, que es el único camino en Nicaragua para la revolución.

RENÉ NÚÑEZ (1969): Ya en 1969 entré de lleno a participar en el Frente Estudiantil Revolucionario (FER). En esa época había una dispersión física de las escuelas de la Universidad Nacional Autónoma de Nicaragua en Managua, de modo que las fuerzas estudiantiles del FER también estaban dispersas. Entonces había que impulsar trabajos en cada local. Esto dificultaba más el asunto, y además, el FER estaba débil: estaba recién pasado Pancasán, donde gran parte de los cuadros del trabajo urbano de Managua había muerto, y los que no, se hallaban clandestinos, de modo que el FER estaba en promoción de cuadros. Había la exigencia de una gran actividad práctica antes que de una actividad más planificada y más ordenada —entonces, quien demostraba la actividad práctica y a la vez el acatamiento de la orientación política, era quien asumía responsabilidades.

De modo que al cabo de unos tres meses de que yo entré al FER como militante, asumí la Secretaría General, junto con otros compañeros. Ya para entonces yo estaba claro de que esa posición que se me otorgaba era respuesta a una confianza que los compañeros depositaban en mí, y que la confianza la depositaba el FSLN. El responsable mío era Pedro Aráuz, que apareció en esos instantes como secretario de relaciones con los trabajadores del FER.

En el tiempo en que conocí a Pedro Aráuz, cuando todavía no era "Federico", era un elemento que de viaje se destacaba como cuadro. Sabía yo que era un compañero que ya tenía tiempo de trabajar en el Frente Sandinista, y sabía que ahí tenía básicamente responsabilidades como correo, como medio de contactación, de consecución de casas clandestinas, y que al mismo tiempo era el responsable del trabajo del FER en la universidad. Tal vez para ver un poco el valor que se le daba a un cuadro así habría que ubicarse en lo que el Frente era entonces: primero, un conjunto de compañeros con una gran moral, una mística revolucionaria, un gran valor físico, y una gran confianza en el futuro. Segundo, un grupo que peleaba con las uñas. Yo recuerdo que las armas pesadas del FSLN en esa época eran un M-3, una Mazden y armas de cacería. Y con eso se pensaba hacer la guerra ¡y se tenía confianza en ganar la guerra!

Pero el Frente Sandinista era visto como el conjunto de personas que podían hacer lo que el pueblo no podía —fuese por temor, por incapacidad, o por falta de convencimiento. O sea, el pueblo estaba convencido de que el Frente hacía bien lo que estaba haciendo, pero tenía un gran temor de meterse en el FSLN. Lo estimaban, lo respetaban, pero lo miraban arriba. Eso tenía también su explicación: el Frente no se había ligado moralmente con ellas, se había ligado históricamente con ellas, pero aún faltaba el vínculo orgánico permanente para tenerlas como base de apoyo.

En ese contexto, un cuadro del FSLN en esos tiempos tenía que ser casi un sabelotodo —o un hacelotodo, más bien. Hacía de dirigente político, de organizador, de chofer, de correo, de contacto, de instructor militar, casi de todo. De modo pues, que con un Pedro Aráuz, que era responsable de la universidad, que tenía otras responsabilidades estrictamente en el FSLN, íbamos a hacer una pinta en un aniversario del Che, o de Sandino, o de un compañero caído (lo hacíamos de noche, a veces con un *spray*, a veces con una brocha, a veces con un calado). Y vos sabías que podías caer preso y te arriesgabas porque importaba, porque era fundamental esa propaganda revolucionaria. Pasábamos muchas veces las mil y una, y no había todavía esa delimitación del trabajo en cuanto a especialidades porque no era posible. ¡Si arrastramos nosotros una práctica bien realista desde mucho tiempo atrás!

Me habían premiado con una escuela militar [un curso intensivo, pues] una escuelita sencilla de un día. Salimos a las cinco de la mañana al punto de contacto y ahí nos recogió un jeep en donde iban tres compañeros clandestinos del FSLN. Desgraciadamente, cuando supimos quiénes eran, ya estaban muertos. Recogimos luego a dos compañeros más, y nos fuimos a otro punto bastante alejado de Managua. Hicimos práctica de tiro, cocteles Molotov, charlas políticas, discusión de temas y tareas, y hablamos de las consecuencias de la clandestinidad. Fueron instructores de esa escuela Roger Núñez, Alesio Blandón, Edgar Munguía (que andaba clandestino por esa época) y Julio Buitrago. Julio nos acompañó un rato, habló con nosotros y nos dejó. Y cuando hablábamos de lo que era ser consecuente con la revolución, Alesio nos decía: "Nosotros sabemos lo que esto cuesta y lo que es la Seguridad somocista con el pueblo y sus combatientes. Estamos pasando a una calidad nueva donde cuenta mucho la discreción y la resistencia de los compañeros ante la tortura para no denunciar a sus hermanos, y también el ser un ejemplo ante el pueblo; hacer vigente la consigna de ¡PATRIA LIBRE O MORIR!" Nos aseguró que ellos nunca serían capturados vivos.

Eso fue un domingo 13 de julio. Recuerdo la fecha porque dos días después un compañero de clase de la escuela de Ingeniería llegó entusiasmado levantando el puño izquierdo y diciéndome: "¡Ya está el cachimbeo del Frente con la Guardia!" De inmediato se reunió nuestra célula del FER y Pedro Aráuz nos comunicó que había sido detectada la casa de Julio Buitrago. Comenzamos a toda carrera a hacer cocteles Molotov. Éramos cinco compañeros. Conseguimos una moto para incendiar *algo*, (lo que fuera) y llamar la atención. No éramos expertos en hacer esas cosas todavía, ni en hacer planes de emergencia.

—OMAR CABEZAS: Julio Buitrago muere como consecuencia de una denuncia en un combate al lado del restorán Las delicias del Volga. Le rodearon la casa y él se fajó con la Guardia. Murió solo después de horas de resistencia en aquella casa. Fue de los que sentó el precedente de invencibilidad del Frente: la gran leyenda que sentó el Frente Sandinista en el pueblo se hizo con base en hechos históricos concretos. El primer hecho histórico concreto contemporáneo fue ese combate heroico de Julio Buitrago. Y la Guardia cometió el gran error de pasarlo por televisión: mostraba a trescientos Guardias y él solo contra ellos, disparando. Y cuando él ya no tenía tiros, que le quedaba un puro magazine,* se vio cómo salió de la casa frente a un tanque con ese último magazine y le pegó así: papapapapapá... y cómo cayó.

Entonces, por supuesto, toda la gente miró eso. Fue una gran imprudencia de la Guardia, porque la gente estuvo tres horas mirando cómo aquéllos temblaban y corrían a tomar posiciones, y la escandalera y los gritos y los megáfonos y los tanques y los aviones pasando y luego Julio solito él, ahí.

—RENÉ NÚÑEZ: Cuando salimos a la calle ya había concluido la resistencia de Julio, y nos quedamos con los cocteles en la mano. No hicimos nada. Al día siguiente

* Cargador.

vimos la foto de los compañeros muertos y reconocimos las caras de los que nos habían dado la escuela el domingo anterior. Vimos a Alesio, a Marcos Rivera, que cayeron el mismo día en otra casa; y vimos a Julio, que quedó combatiendo hasta el final. Hicimos una especie de vela pública de los cadáveres no entregados de los compañeros caídos. Ahí se manifestó lo que siempre habíamos creído: la simpatía para el Frente Sandinista; la fe del pueblo en el Frente Sandinista: En ese velorio simbólico nos llenaron de flores las vendedoras. Después sacamos manifestaciones gigantescas de cinco, diez cuadras de largo, cosa nunca antes vista en Managua, primero con el reclamo de los cadáveres y luego con la denuncia que hizo la compañera Doris Tijerino de las vejaciones sufridas en la Oficina de la Seguridad. Fue la primera vez también que se intentó incendiar dos vehículos en ese tipo de manifestación. La gente se asustó un poco y corrió —más bien corrimos todos— pero ya se observaba una práctica inicial de la violencia, tímida, pero aceptable y aceptada por los manifestantes.

Ese 15 de julio la red urbana del Frente Sandinista se vio fuertemente golpeada con la caída de Julio y los otros compañeros. Tuvo que desmantelar su estructura de Managua y trasladarse a León. Incluso el compañero Edgar Munguía, que andaba clandestino en ese entonces, pasó toda esa noche del 15 de julio trasladando gente de un lugar para otro en Managua y luego para León. Dejó la clandestinidad, o más bien, el Frente lo orientó a regresar a la legalidad en ese momento.

Para mí fue una sorpresa encontrarlo de repente en una asamblea universitaria en León, adonde había llegado por lo menos el 50% de la población para exigir castigo a los responsables de los vejámenes a la compañera Doris Tijerino. Recuerdo que me sorprendió más, y a todos los compañeros, el hecho de que Edgar Munguía se presentara en esa asamblea y tomara la palabra así, en forma imprevista. Nadie sabía que él iba a llegar. De repente, entre sus gestos de orador, con el movimiento de los brazos y tal vez con el viento, se le levantó la camisa y se le vio el arma, y eso, más que temor, generó más respeto del que ya se le tenía, y un mayor deseo de brindar protección al compañero. En noviembre quisimos conmemorar el segundo aniversario de la caída de cuatro compañeros: Casimiro Sotelo, Roberto Amaya, Hugo Medina y Edmundo Pérez, con una buena actividad. La muerte de Julio Buitrago, más la captura de varios compañeros, fue un duro golpe para el FSLN. Para el somocismo, significó el aniquilamiento del Frente Sandinista. Pasó julio, agosto, septiembre, octubre, y el Frente no respondía. Entonces, ese cuatro de noviembre se quería hacerle ver a todo mundo que el Frente estaba vivo, y se proyectó la acción en grande. Pedro Aráuz y Juan José Quezada coordinaron el secuestro de un avión de La Nica el 4 por la mañana. A las dos de la tarde hubo una recuperación bancaria en León a cargo de Leonel Rugama, Roger Núñez, Enrique Lorente y Mauricio Hernández. Y por la noche Cristhián Pérez y yo estábamos a cargo de un plan para que varios compañeros —básicamente estudiantes— pusiéramos bombas incendiarias.

Pedro y Juan José se fueron por la mañana del cuatro y estuvimos pendientes del secuestro. Nos alborozamos con la noticia de que ya se había efectuado, nos decepcionamos cuando supimos que el avión había sido detenido por las autoridades en Gran Caimán, y luego estuvimos contentos otra vez cuando supimos que había salido todo bien, y que los compañeros estaban en Cuba.

—OMAR CABEZAS: Cuando se va Juan José al secuestro del avión de La Nica, llega a mi casa a despedirse, pero no me dice que se va. Llega a pedirme una cámara prestada y se la lleva. Yo sospeché un poquito, mejor dicho, yo sabía que él era del Frente y que algo iba a hacer, porque cuando se fue me dijo: "O.K. flaquito, patria libre o morir". Luego me contó Federico que para disfrazarse de turista, Juan José se colgó la cámara. Juan José fue el que me reclutó para el Frente. Juan José era de esas personalidades raras. Era altote pero no desgarbado, sino que era un flaco fibroso, de apariencia extranjera, tipo alemán. Era hijo de un médico que nunca hizo plata y una señora pobre. Él era alto, chele, de facciones bien finas, incluso un poco así como las estatuas griegas clásicas. Pelo crespo... decididamente era un tipo bien parecido. Pero en su modo de vestir era bien anticuado. Tenía un olorcito muy especial, sospecho que de brillantina (que te la vendían en el mercado embadurnada en un tuquito de papel). En ese tiempo era el único que usaba pantalones con pinzas, que resultaban por demás anticuados. Además eran de cáñamo y usaba las camisas todas flojotas, sólo se las metía cuando íbamos a las fiestas, porque le decíamos que se las metiera y se las ponía entonces con el único pantalón distinto, que era negro de dacrón y ese sí lo usaba entallado.

—RENÉ NÚÑEZ: Yo conocí a Luisa Amanda Espinoza el 3 de noviembre de 1969; el día que estábamos haciendo las bombas para ponerlas el 4. Ella estaba amasando la grasa, otra compañerita estaba haciendo la mezcla de clorato y Olga López Avilés estaba en el asunto de los tarros. De hecho la directora práctica de los explosivos era Olga Avilés. Era la que nos explicaba cómo íbamos a hacer.

Vivíamos una célula de cuatro en esa casa: Luisa Amanda, Olga, la compañerita "Tania" y yo. Era una casa en donde se cosía y se inyectaba para camuflarla. Sin embargo era un camuflaje muy típico: los sandinistas siempre han estado orgullosos de ser sandinistas y lo expresan no sólo cuando hablan con la gente de la causa. Entonces, pusimos en la casa un rótulo de fondo blanco con el SE COSE en letras rojas y el SE INYECTA en letras negras. De hecho era una bandera.

Luisa Amanda era una compañera sencilla, de un hablar bien campechano. Tenía aquella vergüenza y aquel pudor de la mujer campesina —bien cerrada con el desconocido y a la vez bien respetuosa. Cuando la conocí era muy abierta y muy franca. Recuerdo que era bien sencilla. Cuando la molestábamos le decíamos "más mejor", porque siempre decía que había que ser más mejor.

Era una compañera joven, yo diría que ingenua en muchas cosas de la vida, pero con una gran facilidad de palabra, con una gran viveza para defender al Frente Sandinista, para explicar su causa. Pero también demostraba otra cualidad: una gran consecuencia.

No era una compañera quemada; no estaba fichada por la Seguridad. Aunque estaba clandestina era el contacto entre las casas clandestinas, y ella se desplazaba en bus con gran facilidad.

Luisa Amanda leía bastante y le gustaba sobre todo la lectura de relatos, como *El diario del Che* —lectura más o menos fácil de leer y asimilar. No había tenido, digamos, una vida muy estudiada. Le gustaba mucho preguntar y escuchar.

Había tareas determinadas para la casa: allí aprendimos a hacer minas vietnamitas; a proyectarlas con teoría y cálculo, y después a hacerlas con hojalata. Luisa Amanda y Tania recortaban varillas de un cuarto o de tres cuartos de pulgada que servían como charneles. Olga y yo cortábamos el zinc y lo soldábamos y le dábamos forma a la mina, y luego todos la llenábamos de alquitrán, de brea y de charneles hasta que quedaba construida. También Luisa Amanda estudiaba matemáticas, estudiaba gramática y preguntaba mucho.

Yo la recuerdo sentada junto al lavadero en el patio de la casa, con un cuaderno y un lápiz de grafito, pensando, escribiendo o preguntando. Generalmente era por las tardes; en una tarde de diciembre o enero, que son un poco frescas y soleadas —que son tranquilas más bien, que son tranquilas. Otras veces salía al asunto de chequeo, de vigilancia o a otras tareas.

Para dar una idea de su carácter, y también de su entrega, de su convicción en la lucha... en una ocasión íbamos a desmantelar la casa. Tania ya se había ido. Yo llegaba sólo de vez en cuando. A Olga la íbamos a mandar a Estelí. De modo que Luisa Amanda iba a quedar en la casa sin célula. Y además después iba a ser trasladada a una casa que le decíamos "donde Mondongo". Esta cuestión no le gustaba porque era regresar a su militancia inicial, era como haberla degradado en su desarrollo y en su militancia. Recuerdo que la noche que hablamos sobre eso ella dijo que no entendía y lloró y se molestó, y exigió su militancia y su formación política.

Entonces rectificamos la decisión, pero desgraciadamente ya no se la pudo mandar a ella también a Estelí.

En una ocasión llegó la Guardia a catear la casa. Olga logró escapar y se fue de inmediato. No estaba Luisa Amanda ni estaba yo. Ahí en la casa habían quedado minas vietnamitas y dos carabinas. Luisa Amanda llegó donde los vecinos, se identificó como sandinista y les preguntó que si había llegado la Guardia y que si había todavía gente en la casa; y cuando le dijeron que no, se pasó por el patio y sacó las minas y las carabinas.

Al día siguiente le criticamos ese acto de temeridad, pero sabíamos que era consecuencia del valor que ella le daba a nuestros recursos, que eran tan costosos y tan escasos. Tal vez, el poco valor que le daba a la vida correspondía también a nuestra situación de ese momento: ella sabía que había que poner la vida en juego.

Cuando estaba en prisión supe que Luisa Amanda y Enrique Lorente habían muerto en combate. Un reo común me llevó los recortes de los periódicos. En la foto de muerte no reconocí a Enrique, pero sacaron al lado una foto de él vivo y ahí lo reconocí. A Luisa Amanda sí la reconocí —más que andaba una camisa, una blusa que le conocía. Me dolió mucho, porque era la misma muchacha que había conocido; leal, consecuente, con un gran respeto por la vida pero también

con una sencillez, con una valentía ante la muerte...
O sea que no había cambiado Luisa Amanda al morir.
Luego supimos de su "¡Viva el Frente!" en el instante de su muerte. Fue otra forma de consolidar el compromiso de que había que seguir adelante. Habíamos sufrido la muerte de Julio Buitrago, la caída de otros compañeros, pero sabíamos también que este camino sembrado de muertos era el camino del triunfo.

BAYARDO ARCE (1969): En 1969 se realizó el primer congreso estudiantil que ganó la izquierda: el Cuarto Congreso Nacional de Estudiantes. A partir de ese congreso, debido al subdesarrollo —llamémosle— del movimiento revolucionario, del movimiento estudiantil y todo eso, y como yo era periodista y locuaz, de repente fui impulsado como uno de los dirigentes del congreso. Porque aunque yo era reportero de *La Prensa*,* seguía de estudiante, no había terminado. En el congreso me puse por primera vez en contacto con ideas; hasta entonces había estado más bien en contacto con actitudes, con manifestaciones. Asistía por curiosidad a alguna asamblea, a alguna manifestación, pero en aquella ocasión me identifiqué por primera vez con un análisis.

En ese grupo que llevaba la vanguardia de las discusiones estábamos Hugo Mejía, Rogelio Ramírez (el hermano de Sergio) y René Núñez. Pero René era del FER; él no hablaba, él era clandestino. No daba la cara sino que estaba ahí, por debajo, tratando de dirigir a la gente. En esos congresos yo era de los que más hablaba; ¡me atrevía a hablar y casi nadie hablaba ahí! Tenía además la ventaja de la inocencia. Incluso una vez que se abrió un debate entre la oposición en *La Prensa* por esos mismos tiempos, yo escribí un artículo donde planteaba la lucha armada. Por supuesto,

* Periódico opositor a Somoza propiedad de Pedro Joaquín **Chamorro.**

a mí me valía un pito plantearla porque no estaba organizado en nada. A partir de ese congreso ya quedé vinculado a formas de organización, pues, al trabajo de los estudiantes, y a fines de año hubo elecciones estudiantiles. La presidencia del Centro Universitario de la Universidad Nacional (CUUN) la ganó Edgar Munguía, que era candidato del Frente; lo sacaron de la clandestinidad para eso. Entonces andaban buscando un vicepresidente en Managua y decidieron ponerme a mí. Ya estando en el CUUN como vicepresidente, quien me conectó orgánicamente con el Frente fue Jaime Wheelock, que estaba legal y era militante del Frente. De ahí se me aparecieron otros, y además, Edgar Munguía me conectó con el responsable clandestino. A partir de entonces, en 1970, ya quedé ligado a la organización del Frente. Ya para esa invitación a entrar al Frente, yo me iba identificando con la causa. Estando ligado al movimiento como vicepresidente del CUUN, metido en una serie de tareas, fui viendo factible el poder conjugar las responsabilidades para con mi familia —que era bien pobre— con el trabajo revolucionario. Hasta que llegó el momento en que vi yo que si no se podían conjugar, no se podían conjugar y ni modo; sabía que era más importante la gran familia que la pequeña familia.

La primera tarea que nos encarga Jaime Wheelock como responsable político nuestro a Edgar Munguía y a mí, es la de organizar el FER, que no era más que un nombre. Comenzamos a hacer funcionar el FER y a activarlo en función de los intereses de la revolución. Nos dieron ciertos lineamientos: el FER era un organismo legal, pero no se proyectaba públicamente. El FER orginazaba congresos y el FER elegía al comité ejecutivo y todas esas cosas. Cuando yo me metí nos dijeron: "Bueno, aquí se acabó esa práctica. Tenemos que hacer un FER clandestino, un FER que se presente a través del CUUN y que sus cuadros no aparezcan como cuadros

FER, y lo vamos a organizar de manera compartimentada."

RENÉ NÚÑEZ (1970): Cuando entré al Frente como militante estuve bien cerca de Efraín Sánchez Sancho, a quien yo veía como el hombre del Frente en Nicaragua —y es que en realidad entonces lo era. A veces, vos idealizás una organización y un método de trabajo y un comportamiento de los revolucionarios, y cuando te metés en la organización mirás que las cosas son de humanos, que no es aquella perfección ni aquellos hombres mitológicos. Y en Efraín Sánchez Sancho sí notaba algunas irresponsabilidades que no entendía pero que tampoco cuestionaba. Era un hombre audaz, frío y dinámico, con capacidad de respuesta a situaciones de emergencia. También era descuidado, desorganizado... y desorganizador. Y tenía vicios.

Los vicios pueden expresarse de diversas formas: a veces es egoísmo, a veces son comportamientos injustos, abusos de autoridad o de responsabilidad, relaciones personales, desorganización, malos métodos de trabajo, no cumplir con las medidas de seguridad, todo eso.

Leonel Rugama era distinto. Siempre andaba con un libro, con un comentario alegre, o también con una crítica seria contra Sánchez Sancho, que en aquel entonces no entendí. Me decía que había que ser crítico, no dejar pasar los vicios y responder siempre con la verdad en la mano. Realmente nunca se me ocurrió preguntarle por qué decía eso, porque siempre nos mirábamos en una casa clandestina por asuntos de trabajo, y de repente él decía eso y yo andaba apurado.

Recuerdo que llegó el día 15 de enero y yo andaba trayendo a un compañero por el barrio San Luis, que queda a unas quince o veinte cuadras de la colonia que antes se llamaba Salvadorita y ahora se llama Cristhián Pérez. Estaba parado esperando el vehículo que me iba a recoger cuando lo vi llegar. Desde que lo divisé, vi que venía con gente; y a mí me sorprendió, me extrañó. ¡No debía venir con gente! Y quien viene ahí con Cristhián Pérez es Saúl Arana, que vivía en la Salvadorita. Vienen apurados a avisar que hay un tiroteo ahí. De inmediato ubicamos que el tiroteo es en la casa de seguridad nuestra, y que allí están Leonel Rugama, Roger Núñez y Mauricio Hernández. También sabemos que le han caído a un sitio legal nuestro; a un restorán donde trabajaba un hermano de Oscar Benavides, y que se han llevado preso a Oscar y a su hermano en un vehículo. Pensamos que es un golpe de infiltración. Entonces, primero comenzamos a trasladar gente que está ubicada en otro lado a una casa más segura, y a cambiar de casa un dinero que se había recuperado el 6 de enero.

Después intentamos dar una respuesta utópica, irreal, emotiva, a la situación. Con dos armas cortas queríamos ir a meternos al tiroteo pero fuimos detenidos por un compañero colaborador que nos dijo que de nada servía irse a morir allí dos personas sin traer nada como beneficio, que era más importante la revolución. Que Leonel, Roger y Mauricio podían morir sacrificados, pero que la tarea nuestra no era morir sino seguir trabajando. Esa vez nos quedamos casi llorando Cristhián y yo.

Cuando llegó el contacto de León, Jaime Wheelock, que en ese entonces andaba legal, me sacó de la casa, porque ya estaba detectada, y se encargó del traslado y contacto de otros compañeros. A los pocos días me capturaron y me llevaron preso. Ante la Oficina de Seguridad logré pasar como miembro del FER y estuve solamente tres meses en prisión aquella vez.

JACINTO SUÁREZ (1970): Quienes estuvimos presos durante esos años tenemos la satisfacción de haber dado nuestro aporte desde la cárcel. Una de las batallas más intensas que nosotros sostuvimos en la cárcel fue por la liberación de Francisco Ramírez, un ex miembro de la Guardia Nacional que nos había entregado su fusil, y precisamente a quien se lo entregó fue a mí. Entonces fue condenado a cinco años y, cumplida la condena, la Guardia no le daba la libertad. Nosotros protagonizamos una huelga de hambre a favor de la libertad de Francisco Ramírez que duró 37 días. Yo calculo que hice como diez huelgas de hambre. Una vez hice un recuento y vi que en los siete años y medio que estuve preso pasé como 90 días en huelga.

La huelga de hambre es una cuestión de mucha voluntad; los primeros días sentís hambre, te hace falta la comida, pensás en la comida; después, lo que viene es un debilitamiento continuo y paulatino, mucho mareo, etc. Yo, lo que hacía cuando se decía "huelga de hambre" era que me propiciaba un buen abastecimiento de agua en un recipiente grande, tiraba el colchón al piso, ponía un paquete de cigarros y una buena provisión de fósforos cerca y me acostaba en el piso para poder acercarme a la puerta y estar conversando con las celdas vecinas sin tener que ponerme de pie cada vez que fuera a hablar. Y dejar que el tiempo corriera... Casi todos hacíamos lo mismo.

Hubo momentos en que se nos cortaba el agua; teníamos que tomarla de los inodoros. Se nos sacaba el agua de los inodoros, se nos quería rendir con sed. Cuando no nos rendían con sed tenía que intervenir el médico para evitar que nos muriéramos de hambre y sed, y entonces, casi siempre venían las negociaciones.

El enemigo nunca negociaba hasta que uno demostraba que en realidad estaba resuelto a conquistar algo. Era la situación más difícil para un alcaide porque veía en peligro su propia autoridad. Ellos tenían un lema y se me va a perdonar que lo diga, pero es bueno decirlo: "¡En la cárcel, los huevos se dejan en la calle!" Nosotros les decíamos: "No, coronel, no los dejamos colgados; los tenemos puestos." Porque ellos decían que en la cárcel no había hombres. Nosotros contestábamos que si ése era el lema de la Guardia, nosotros no éramos ni Guardia ni presos comunes; que éramos combatientes y éramos sandinistas, que éramos hombres afuera y éramos hombres adentro.

Fue una guerra larga, en condiciones una veces más duras, otras más suaves, pero nunca buenas en realidad. Después tuvimos lectura: se nos permitía leer *La Prensa,* ¡algo insólito en este país! Incluso se les permitió —¡hasta a eso se llegó!— a los presos casados que tuvieran una visita conyugal. Se llegó incluso al ofensivo extremo de ofrecernos a los solteros prostitutas para que "estuviéramos tranquilos". Se nos dieron una serie de condiciones nunca soñadas para los presos políticos en la historia de Nicaragua. Eso sí, antes de conseguir eso hubo miles de luchas, y huelgas de hambre que hasta nos tenían que poner a un médico para revivirnos.

Indudablemente que nos afectó una cuestión que se llama psicosis carcelaria, que lo pone a uno malhumorado. Como revolucionarios que éramos logramos superarla, porque si no, nos terminamos matando entre todos. La vida en prisión era de una monotonía destructiva: yo pasé meses metido en una celda, y me las ingeniaba para mantenerme animado. Hablaba a gritos con los otros que tenía a unas cuantas celdas más allá; cuando me cansaba de hablar a gritos, limpiaba la celda. Arreglaba la cama diez veces, cada que me acostaba la volvía a arreglar. Me ponía a dar de comer a algunos gatos vagabundos que había ahí. Me aprendí muchos poemas de memoria. No existía la lectura; pero si me llegaba a caer algo que pudiera memorizar, me ponía a memorizarlo. Me ponía a pensar en pasajes agradables de la vida...

Recuerdo que desde el día que caí preso me dijeron: "Vos sos de los que no salen." Me condenaron a 25 años de cárcel. Yo decía, en 25 años triunfa la revolución y salgo, y si no, me rescatan los compañeros. Hay un capitán por ahí que está preso que fue de los que a mí me tuvieron preso, y yo le decía: "Cuando estábamos presos, nosotros les decíamos que íbamos a salir y ustedes se reían. Nosotros no nos vamos a reír de ustedes, pero les voy a decir algo: ustedes no pueden pensar en que van a salir porque no tienen en quién confiar; aquí no va a haber contrarrevolución. Para ustedes no hay amnistía, para ustedes no hay sector de la opinión pública que nos obligue a pensar que son un problema político —y aunque hubiera sectores que presionaran en favor de ustedes no los vamos a soltar, porque el acto de nosotros es un acto de justicia."

RENÉ NÚÑEZ (1970): En esos momentos ya regresa Oscar Turcios al país, asume la responsabilidad nacional del Frente y comienza a detectar la irresponsabilidad y los vicios de Efraín Sánchez Sancho, hasta que se concluye con un juicio y se expulsa a este individuo del Frente Sandinista. De hecho, ese período de actividades de Sánchez Sancho y esa irresponsable desorganización (la falta de cuidado en las medidas de seguridad) fue lo que permitió la infiltración que trajo como consecuencia la redada de 1970.

Cuando salí de la cárcel conocí a José Benito Escobar, que ya estaba en Managua, y a algunos otros compas nuevos (como Bayardo Arce), y empecé a trabajar. Era un período difícil porque había la sospecha de infiltración en el FSLN. Eran sospechas sin confirmar, con tintes subjetivos. Entonces se trabajaba con cuidado, con recelo, con desconfianza... y también con pocos recursos. Se planificaron acciones para salir adelante y fracasaron. Murió Ígor Úbeda en un intento de recuperación bancaria, murieron contactos en la montaña, fracasó un intento de secuestro de un acaudalado industrial de la familia Pellas aquí en Managua. Hasta que vimos la culminación y la confirmación de las sospechas en las represiones de 1970.

Cayeron allí cuadros de dirección, cuadros intermedios, combatientes destacados del FSLN, en una bien montada operación de destrucción para el FSLN. Los cuadros quemados y no quemados que estábamos legales, nos abocamos a la tarea de absorber la represión. Allí nos dimos cuenta de nuestra verdadera fuerza. Recuerdo que de todos los cuadros legales, de todos los simpatizantes y colaboradores legales que supuestamente estaban con el FSLN, nada más quedamos seis en forma consecuente: Bayardo Arce, Edgar Munguía, Marlén Chow, Omar Cabezas, Cristhián Pérez y yo, buscando cómo capear la represión sobre cada uno de nosotros, y cómo conseguir recursos para los compas clandestinos.

Y nos damos cuenta de que la represión llega hasta Madriz, hasta Estelí, llega a Matagalpa, a León, a Carazo... Nos damos cuenta, por ejemplo de que Jonathán González se viene de Estelí porque ha sido detectada su casa; y llega a otra casa en Managua que es detectada; y tiene que irse a Honduras a una casa que es detectada; y lo capturan. Que Víctor Tirado baja de la montaña a un contacto en Matagalpa y le detectan la casa; y se va a Estelí y es detectado; llega a Madriz y es detectado; se va a Honduras y lo capturan. Resulta que a partir de 1970 el Frente se reduce a un conjunto de cuadros políticos y militantes presos, a un dirigente nacional clandestino libre, en condiciones bien difíciles, a un cuadro intermedio clandestino libre y a cinco o seis militantes legales.

El movimiento duró tres semanas, hasta por abril de 1971. Levantamos el movimiento cuando se lograron las reivindicaciones y los compañeros salieron libres. Ésa fue mi primera experiencia a nivel estudiantil. Yo participé en la toma, nada más que como yo trabajaba, a veces me salía a trabajar y a veces me quedaba. Pero ya eran mis primeros pasos dentro del movimiento estudiantil.

BAYARDO ARCE (1971): A fines de 1970 sufrimos esa gran represión. Nos capturaron a la gente, a todos los que habían entrado: diecisiete presos cayeron; los diecisiete que se habían estado formando. Entonces, en 1970, en el Frente Sandinista sólo quedó Oscar Turcios de clandestino. Entre los presos están José Benito

Escobar, Leopoldo Rivas, Julián Roque y Emmett Lang. Nos desmantelaron todo el trabajo que había, pues, y nadie nos quería dar una casa de seguridad para Oscar Turcios. No teníamos en donde meter al compañero. La primera casa que conseguimos después de esa represión fue en León, con un profesor universitario. Metimos a Oscar ahí con el cuento de que se había sacado a una muchacha y lo andaban buscando para matarlo. De ahí pudimos arrancar de nuevo y eso me obligó a estar viajando diario a León a verme con él, a ver los trabajos, porque de él salían las directrices. Era el único que estaba adentro. Así se estuvo trabajando, sólo con él, hasta la Semana Santa de 1971.

Para entonces ya habíamos logrado, por medio de Edgar Munguía, algunos contactos en León e hicimos un proyecto de comité regional. Formamos un comité regional del cual el responsable era yo. Yo viajaba todos los días de Managua a León y de León a Managua porque tenía que ir a trabajar como reportero de *La Prensa*. Fue cuando me corrieron porque ya llegaba tarde... y me llegaba a dormir. Si pasaba toda la noche en reuniones, pues ¡lógico!, llegaba todo desvelado cuando se estaba preparando el diario. Decían que era un fiestero, que por eso llegaba tarde todos los días.

4. BASES URBANAS Y RURALES (1971-1974)

BAYARDO ARCE (1971): En realidad nuestro centro principal de trabajo estaba en León. Hubo una célula que fue privilegiada, una célula muy sui géneris dentro de la historia del Frente —olvidada, como casi todas las cosas nuestras. Fue la primera célula de Subtiava. Subtiava era una comunidad indígena somocista. Es decir, había un diputado somocista ahí, Francisco Argeñal Papi, que era padrino de todos los cipotes ahí en León, que se ganaba a la gente por medio del paternalismo y que ganó la diputación porque movía gente, pues.

Entonces nosotros comenzamos con un contacto, con un compañero que era carpintero, que se llama Magnus Bervis —¡y está vivo el jodido! Magnus, al principio, decía que él era el único opositor de Subtiava, pero nosotros nos metimos a través del movimiento estudiantil con proyectos de dispensario, proyectos de alfabetización de adultos, deportes... cosas así —y por debajo, el trabajo clandestino a través de Magnus. Nos costó persuadirlo de que ahí seguramente había otra gente y que había que buscarla, y se formó una célula con él, con el bachiller Tomás Pérez, un vendedor, una gente de oposición del Partido Liberal Independiente, un señor que tenía una finquita de algodón, pequeñona, y con un chapioyo descalzo. Ésa fue nuestra primera célula —una célula chapioya, pues.

Esa célula, que nosotros lanzamos para que se pusiera al frente de todo un proceso de conquista política de Subtiava, la entrenamos personalmente nosotros cuatro: Ricardo Morales, Oscar Turcios, Pedro Aráuz y yo. Les programamos un seminario formativo que creo fue de dos o tres meses, con dos reuniones semanales. Un día íbamos Pedro Aráuz y yo; y otro día iban Oscar y Ricardo. Les dábamos charlas políticas, les enseñábamos a redactar comunicados, a decir discursos, ¡todo lo que podíamos les dábamos ahí! Y los lanzamos a trabajar, a agitar ahí en Subtiava, y lanzamos a Magnus Bervis a la candidatura de la presidencia de la comunidad. Creo que perdimos ese año. Magnus no ganó, pero arrastramos un montón de gente, y ya eso les fue dando confianza a ellos, y después ya controlábamos Subtiava; se volvió una comunidad sandinista, pues. Fue interesante porque se trató de una célula privilegiada, atendida por lo que entonces era el estado mayor de la resistencia urbana. Acabamos reclutando a toda la familia Bervis, que vivía en casas vecinas, comunicadas.

A ese lugar le pusimos de seudónimo "El Fuerte". Teníamos a toda la familia y cuando íbamos a entrar a hacer reuniones, ellos nos vigilaban toda la entrada ahí, todo el barrio. Nos ponían postas para entrar. Fue nuestro cuartel general durante mucho tiempo. Por ahí pasó casi todo el Frente que entraba en esa época. Hicimos inversiones: por ejemplo, a uno de ellos —Chan— le compramos un carrito y lo pusimos a taxear. En él se movían los compañeros clandestinos con más seguridad. Para entrar ahí, al barrio la casa de día y de noche, inventamos una tabla que tapaba toda la parte trasera del taxi y le pusimos costales encima. Entonces cuando iba a entrar uno, se acostaba en el asiento trasero, se ponía la tabla encima y parecía, así de rápido, que Chan llevaba costales en la parte de adentro del carro y así entrábamos a la casa. Ahí hicimos nuestro primer subterráneo también. ¡Ahí está, es histórico! Yo tengo la idea de proponer, cuando ya nos organicemos más, que convirtamos esa casa en museo. Ahí hicimos un subterráneo y ahí embodegamos pequeños chereques que teníamos. El subterráneo era pequeño, y tenía su ventilador y todo; lo construyeron Pedro Aráuz y los Bervis.

ALICIA BERVIS (1970-1973): A la casa llegaron los muchachos el 4 de mayo de 1970. Ellos vieron a mi tío.

Yo no supe que pertenecían al Frente hasta los dos meses, pero ya sabía que existía el Frente. Los compañeros que llegaron ese día fueron Henry Ruiz y Pedro Aráuz. Fueron los dos primeros compañeros. Por medio de ellos conocimos a Oscar Turcios, a Ricardo Morales y a muchos compañeros que ya no recuerdo sus nombres, porque fueron bastantes los que llegaron a esta casa.

Omar Cabezas fue el que le dijo a mi tío Magnus que si podía prestar su casa, colaborar con el Frente y tener a unos compañeros que andaban clandestinos. Por medio de él fue que llegaron ellos a la casa. Parece que mi tío lo consultó con mi abuelita y ella estuvo de acuerdo; pero ella no sabía que pertenecían al Frente. Se quedaron bastante tiempo, hasta 1973.

Al principio me inspiraban un poco de desconfianza, ya después, tratando con ellos, conociéndoles bien, entonces ya nos tratábamos como hermanos. Para mí fueron como mis padres. Por ejemplo el compañero Oscar era muy cariñoso. Por medio de ellos fue que aprendí un poco más lo que ellos sabían. Al principio nos concientizaron mucho, después nos dieron charlas, después nos enseñaron arme y desarme y todas esas cosas. Ya después algunos tuvimos una militancia directa otros sólo colaboraban nada más. Yo tuve militancia como dos años, de ahí me retiré, sólo quedé como colaboradora.

Estuve como correo y también haciendo las camisas de los compañeros para cuando tenían que subir a la montaña. Entonces trabajaba de noche hasta las cuatro de la madrugada haciendo las camisas, porque en el día no las podía andar mucho tiempo. No podían comprar las camisas hechas porque podían detectarlos. Compraban la tela, la traía el compañero desde Managua, y uno las hacía y las mandaba después. A veces eran camisas verde olivo o, si no, azul oscuro, como de campesino, azul, café, colores así.

Los compañeros más populares eran Juan José y Oscar, que eran bromistas, pero cuando tenían que hacer algún trabajo y a Oscar no se lo hacían a la hora que decía o no se lo hacían como debía de ser, entonces se ponía muy enojado y criticaba muy duro. Ricardo no era tan bromista, y Federico era muy serio, no bromeaba. Cuando estaban allí, unos se ponían a estudiar, estudiaban los planes que llevaban. El compañero Oscar les dejaba designado lo que tenían que hacer; unos podían divertirse o descansar, otros tenían que estar escribiendo o no sé que, y así pasaban el día. A veces llegaba un compañero y tenía reuniones con ellos. Se encerraban en el cuarto y en todo el día no salían más que a comer. Según las reuniones a veces había hasta cuarenta compañeros; a veces dormían unos sobre otros en la cama, dormían hasta seis, y los otros en el piso, pero los que estaban ahí a diario eran seis, siete, pocos.

En las horas libres que nos quedaban a veces, cuando yo terminaba de hacer todos los oficios de la casa, las cosas de ellos, entonces teníamos unas horas libres y ellos me enseñaban. Me enseñaron un poco de matemáticas, que yo no sabía nada, y nos dieron también entrenamiento, porque llevaban una como escuela militar a donde llegaban los compañeros del campo, y ahí les enseñaban todo lo político y militar. A mí también me dieron entrenamiento político-militar. En la noche la compañera "Myriam", que es Leticia Herrera, nos explicaba bien lo que estaba en los estatutos y qué era lo que se iba a hacer cuando triunfara la revolución, qué era lo que ellos tenían planeado hacer, y que eso pues sólo se podría conseguir tomando las armas, porque era difícil que el poder político, como se dice, lo dejara el presidente así nomás. Y él tenía que abandonar el país para poder hacer un cambio.

Ahí no teníamos duda de que si la Guardia llegaba a detectarnos nosotros corríamos peligro, pero ya sabíamos que si nos agarraban nosotros preferíamos morir antes que denunciar a los compañeros. Queríamos seguir con ellos a ver si era cierto que iba a haber un cambio, y queríamos verlo, si es que quedábamos con vida para el triunfo de la revolución. Queríamos ver si podíamos concientizar a mucha gente, porque sólo los que andábamos en eso no íbamos a poder hacerlo, queríamos pedir la ayuda del pueblo para ver que todos los campesinos por lo menos tuvieran su dispensario para que los niños no siguieran enfermos más, y para que se les diera su pedacito de tierra y no se les siguiera alquilando las tierras.

Yo tenía muchos deseos de que todos los niños del campo aprendieran a leer, y tuvieran todo lo necesario para vivir un poco mejor, porque en las ciudades no es tanto lo que se necesita como en el campo. Yo sabía que en la montaña había unos cuantos compañeros que tenían también mucho tiempo de militancia y que ellos iban a lograr todo eso que queríamos. Me lo imaginaba muy lejos, nunca se me ocurrió que iba a ser tan rápido el triunfo de la revolución. Yo pensaba que iba a ser por lo menos en veinte años, pero aunque hubiera sido dentro de dos o dentro de veinte, nosotros sabíamos que se iba a realizar, porque ¡ya era mucho tiempo de tener una dictadura encima! No se podía seguir resistiendo, y si no lo lograban los que estaban, los que organizaron, lo podrían lograr los otros que ya se habían concientizado.

CARLOS NÚÑEZ (1971): Yo soy de León. Provengo del proletariado. Soy hijo de un carpintero y de una doméstica, vendedora de pan y golosinas. Somos ocho hermanos. Mi mamá se llama Matilde. Cuando yo tenía seis años murió mi papá —y eso nos obligó a todos a tener una mayor unidad, a aglutinarnos para defendernos y a buscar cómo superarnos. En particular yo diría que el FSLN realmente me señaló una ruta, un objetivo en una situación en que por las mismas contradicciones de la sociedad, —más bien yo era un rebelde sin causa.

Por mis mismas circunstancias, yo estudié y trabajé siempre, hasta que en cuarto año, estando en el Instituto Nacional de Occidente se dio en 1971 la huelga —la paralización de todas las actividades estudiantiles en el país.

En ese momento la dictadura está implementando aquí una política altamente represiva contra los militantes sandinistas. A pesar de que una serie de militantes ya había cumplido su condena, la dictadura venía practicando el famoso "pisa y corre", que consistía en dejarlos salir y a las pocas horas capturarlos de nuevo y volver a meterlos. O en el caso de compañeros que tenían un prestigio grande —como Doris Tijerino— buscaban pretexto para no dejarlos salir. De tal forma que, impulsado por el FER en gran medida, y por otra parte por la inclaudicable voluntad de los mismos presos que no cesaban en sus huelgas de hambre, en sus protestas, en sus reclamos, se comenzó a potenciar todo un movimiento de presión para lograr la liberación de los reos políticos que ya habían cumplido su condena.

Entre estos presos estaban Doris Tijerino, Ramón Riso, Santos Medina, Catalino Flores, Germán Pomares y otros, hasta sumar dieciséis.

—RENÉ NÚÑEZ: El Movimiento de las Iglesias se llamó así porque se tomaron varias iglesias en varios departamentos, exigiendo la presentación de los compañeros capturados. A la vez de eso, la iglesia sirvió como refugio para algunos compañeros que eran perseguidos, como Cristhián Pérez, por ejemplo, Omar Cabezas, Marlén Chow, que fueron protegidos así. Y fue un movimiento en el que el pueblo consiguió que a los diez días fueran presentados los compañeros, e incluso que antes fueran vistos por las autoridades universitarias para ver que estaban bien, que estaban vivos. Entonces esa actividad —que fue obligada por las circunstancias, que fue un deber moral de los que estábamos afuera para con los que estaban presos— también trajo sus resultados: lógicamente se comenzó a estructurar el movimiento de apoyo a la actividad sandinista, ya con más contenido de masas, lo que le dio un cariz diferente al trabajo del FSLN.

—CARLOS NÚÑEZ: Se comienza a desarrollar todo ese movimiento, comienzan a hacerse las primeras manifestaciones de protesta, comienzan a paralizarse los colegios, un clima de agitación se empieza a sentir en todo el país. Se van involucrando los colegios públicos y los colegios religiosos. En León se produce la toma de casi todos los colegios —privados, propiamente religiosos; colegios públicos— y son grandes cantidades de estudiantes los que se mantienen adentro. En León este movimiento estaba dirigido por Carlos Roberto Huembes, Efraín Fajardo, Omar Cabezas, Agustín Lara, Édgar Munguía, y una serie de compañeros más.

De la toma de los colegios se pasa a la toma de las iglesias, y los familiares de los presos comienzan a realizar distintas manifestaciones de protesta, a presionar. Surgen los primeros intentos represivos: sacar violentamente a los estudiantes empezando por los que se mantienen en los colegios públicos. A medida que aumenta la represión se hacen más protestas, hasta que llega un momento en que, dada la beligerancia que va tomando la lucha, la dictadura tiene que comenzar a ceder.

Hay una cuestión aquí: que a pesar de los distintos períodos de represión, este pueblo siempre ha manifestado una solidaridad tremenda con las luchas de este carácter. ¿De dónde comían, de dónde bebían los que se ponían en huelga o tomaban los colegios? Indudablemente que del pueblo. Las vivanderas, cuando estaban cerca, la gente de los barrios, de la manera más espontánea y solidaria pasaban desfilando todas las mañanas llevando los alimentos. Adentro se racionaban.

En ese tiempo no se practicaban los genocidios masivos. Los métodos represivos se limitaban al uso de las bombas lacrimógenas, o las culateadas, cuando tenían oportunidad. La Guardia había comenzado a montar lo que en ese tiempo se llamaba "los vikingos", que eran tropas antimotines, con escudos de cristal y cachiporras, bombas lacrimógenas, cascos para protegerse de los golpes, y su infaltable arma de reglamento. Ésas fueron las fuerzas que la Guardia utilizó para invadir los colegios. Las autoridades de los centros de estudio eran sumamente represivas, el nivel de conciencia estaba adormecido ¿y cuál era el procedimiento que utilizaba la Guardia? Simplemente el juez, pues, o el jefe político de cada departamento llegaba ahí a la plaza cerca del colegio a leer un acta que declaraba ilegal la toma del colegio. E inmediatamente la Guardia, que ya estaba cerca, procedía a romper las puertas y a tomarse la escuela por asalto.

En ese movimiento yo, y otros compañeros más entre los que estaban Francisco Meza y Marcos Somarriba, estábamos a la cabeza de la toma del Instituto de Occidente y de la iglesia, asesorados por compañeros del FER. Ahí llegaba Omar Hallesleven, Carlos Roberto Huembes, René Núñez. Ésa fue una manifestación de lucha tremenda y se logró, además de la liberación de dieciséis compañeros, la obtención de una serie de libertades organizativas.

BAYARDO ARCE (1971): A fines de 1971, entonces, ya teníamos organizada esa célula de Subtiava, y el trabajo práctico estaba a cargo de Pedro Aráuz. Yo era ya cuadro del Frente, pues, aunque suene pretencioso; pero no era ni remotamente un guerrillero. No sabía ni lo que era un arma. No es que no quisiera saber, sino que no había armas. Cuando entró toda la gente en la Semana Santa de 1971, en todo el Frente en Nicaragua sólo existía un arma, que era la pistola de Oscar Turcios, y los compañeros que entraron —que eran como diez— traían dos armas: una pistola .45 y un revólver .32 con el tambor malo. Entonces, para salir a buscar amigos o gente a quien reclutar, se turnaban la pistola con el que iba a salir, porque el revólver era simbólico. La actividad del Frente, de hecho, la subsidiaba el movimiento estudiantil —nos pasaban que 500 pesos, que

1 000, que 2 000 pesos, y no daba abasto. Omar Turcios una vez nos mandó su reloj, arrecho, a que se lo empeñáramos porque no le habíamos mandado reales y no teníamos, y él tampoco tenía.

En esas condiciones estábamos, apenas teníamos un par de casas ahí en León, cuando comenzamos a recibir los refuerzos que estaban en el exterior en la Semana Santa de 1971. Entraron Pedro Aráuz y Henry Ruiz primero. A raíz de la gran represión que nos hicieron en 1970, la gente que expulsamos hizo una gran campaña en contra de Oscar Turcios. Quisieron hacerse pasar como el Frente "auténtico" y se ponían como que ellos eran los representantes de Carlos Fonseca aquí en el país.

Había una gran confusión. Los compañeros que estaban fuera mandaron una avanzadilla a ver cuál era la situación. La avanzadilla eran Pedro Aráuz y Henry Ruiz. Hablamos con ellos Oscar Turcios y yo y cuando se aclaró el asunto entraron los demás: Tomás Borge, Víctor Tirado, René Tejada, Evenor Calero, Edén Pastora, Denis Enrique Romero, Juan José Quezada, y José Valdivia.

A pesar de la falta de armas, nosotros por supuesto pensábamos que el sector prioritario era la montaña, y eso lo manifiesta el hecho de que se agarró al grueso de la gente que entró y se envió toda a la montaña; sólo dos de ellos quedaron en la ciudad.

JOSÉ VALDIVIA (1971): Nosotros llegamos la primera vez a la zona del Bijao, donde había quedado un sindicato campesino organizado desde tiempo atrás por Pablo Úbeda. Cuando llegamos a esa zona, nos encontramos a cuatro campesinos. Era todo lo que había, y nosotros llegamos de la ciudad como ocho. Con eso empezamos a hacer un trabajo organizativo, a reclutar gente, a ampliar la zona, a penetrar más adentro en la montaña. Como la Guardia no sabía que estábamos ahí, no había represión, la dificultad estaba en hacer ese trabajo sin que fuera detectado, porque si lo detectaban nos mataban a todos. Empezamos a trabajar en condiciones bien difíciles. No había colaboradores.

Uno de los primeros colaboradores que tuvimos fue Bernardino Díaz Ochoa, que lo mataron al poco tiempo. El ya era conocido por los campesinos que andaban con nosotros. Su mujer era sandinista; él era muy disciplinado con el partido socialista, que lo había engañado; le había hecho creer que la actividad del partido era legal, y que había que apoyarse en la Constitución, en las leyes, etc. Le habían dado un salvoconducto y él en eso estaba esperanzado. Nosotros le decíamos que no fuera tonto, que no se confiara de un documento, pero cuando llegó la Guardia sacó el salvoconducto y ahí lo mataron, sin darse cuenta de que estaba colaborando con nosotros.

A Bernardino lo mataron como parte de la represión de los terratenientes y la Guardia en contra de los sindicatos campesinos que desde 1963 se empezaron a organizar en la montaña. En ese tiempo los terratenientes empezaron a quitarle la tierra a los campesinos para desarrollar sus haciendas cafetaleras y ganaderas. Cuando se dio la guerrilla en la zona de Pancasán, desbarataron todos los sindicatos que se estaban formando ahí, porque los sindicalistas fueron el soporte de la guerrilla. Posteriormente, en Bijao hicieron lo mismo, los terratenientes le tiraron la Guardia y los jueces de mesta a los campesinos. Fue una cosa muy dura para ellos: los sacaban de sus casas, les quemaban sus ranchos, las cosechas, les metían el ganado a los siembros, hasta que ellos buscaron como irse defendiendo, y llegó un momento en que se dio una guerra declarada entre ellos y los terratenientes, los jueces de mesta y la Guardia.

Así que para 1969, 1970, esta gente se lanza a la guerrilla. Dejan todas las fincas y organizan la guerrilla en el Bijao. Matan a varios jueces de mesta, llega la Guardia, los campesinos se retiran hacia Zinica con todo y mujeres e hijos, y cuando nosotros llegamos lo que encontramos son cuatro campesinos que es lo que quedó de la guerrilla de Zinica. Todos los demás los mataron o huyeron. Entonces nosotros nos quedamos a organizar ahí desde 1971 hasta 1973. Logramos hacer un trabajo organizativo desde La Tronca hasta cerca de La Luz, hasta Lisawé. Conocimos los caminos, conocimos la montaña, conocimos a la gente. A los cuatro campesinos que hallamos les dimos formación política, los hicimos que hablaran con los demás campesinos, y así se fueron desarrollando políticamente hasta que se convirtieron en los mejores cuadros organizadores de la montaña. Jacinto Hernández, por ejemplo, era un hombre incansable para trabajar y para organizar. En Kuskawás organizó prácticamente a toda la población. Fueron pocos los que quedaron fuera.

En tres años no fuimos detectados, y no hubo necesidad de entrar en combate ni una sola vez. Parece que los jueces de mesta que había allí informaban a la Guardia que pasaba gente de noche, que veían luces, pero la Guardia nunca se preocupó.

Claro, las condiciones de los campesinos en esos lugares son espantosas, entonces el trabajo creció enormemente. Ya en ese tiempo teníamos el programa para las reivindicaciones básicas del campesinado: para la tierra, la educación, la salud; y ellos más que todo se fueron identificando con nosotros mediante una relación fraternal que fuimos haciendo. Esa es una zona guerrillera de los tiempos de Sandino, y hasta encontramos algunos viejitos —Carlos Chavarría y Hernán Tovares— que eran de raíces sandinistas, toda la familia sandinista. Nos ayudaron siempre.

Al comienzo fue duro, porque andábamos solos prácticamente. Cada uno de nosotros andaba un campesino que era el guía de la zona, porque nos tuvimos que dividir para poder trabajar. Entonces era duro, porque nos tocaba estar solos escondidos en el monte todo el día, a veces durante muchos días, porque sólo caminábamos, sólo contactábamos gente de noche. El colaborador nada más llegaba a dejar la comida y luego se iba. Esa soledad era bien terrible, y después en la noche, dormir en el monte a veces era muy duro, con la lluvia y eso. Nosotros no estábamos acostumbrados, ni andábamos buenos equipos en ese tiempo. Hasta despues comenzamos a meter hamacas y cosas y se nos hizo más cómodo.

BAYARDO ARCE (1971): Nosotros partíamos de que la situación de nuestro país estaba determinada por la dominación imperialista y que nuestra lucha, entonces, o mejor dicho, la solución de los problemas nacionales, no podía venir de medios cívicos o institucionales, porque detrás del poder inmediato opresor que era la dictadura, estaba toda la maquinaria de dominación imperialista. De acuerdo con esto, necesitábamos desarrollar una lucha que incorporara a todo el pueblo, porque sólo todo el pueblo podía ser capaz posteriormente de defender las conquistas logradas. Eso implicaba hacer un gran trabajo político, un trabajo de masas, pero que siempre estuviera vinculado a la preparación militar. Es decir, había que hacer que el pueblo se politizara para la guerra. Más o menos ésta era la idea que traían los compañeros que venían de afuera; que primero había que hacer un trabajo amplio a nivel nacional, de tipo político, ligado a los preparativos militares para plantearse la acción armada. No se trataba de agarrar un grupo e irnos a hacer una guerrilla con una concepción de foco.

Cuando entraron los compañeros de afuera, casi todos subieron a la montaña. En la ciudad sólo quedaron dos hombres: Pedro Aráuz, que se quedó trabajando en León, y Denis Enrique Romero Zamorán, que lo mandamos a Estelí. Fue la primera vez que yo traté a Pedro Aráuz. Era callado, parco, de manera que algunos compañeros cuestionaron al principio su integración al trabajo de la ciudad, porque decían que casi no aportaba, que casi no hablaba. En principio no hablaba de lo que no sabía. Realmente fue un ejemplar aprendedor para después ser un ejemplar educador.

A fines de 1971 salió libre Ricardo Morales Avilés, y vino a fortalecer la dirección. La dirección la tuvieron entonces Ricardo y Oscar Turcios. Oscar operaba para el lado de oriente y Ricardo y yo operábamos en Managua, sobre todo al frente de las organizaciones intermedias.

CARLOS NÚÑEZ (1970-1973): Oscar, por su autoridad moral ¿verdad?, por su energía, por su autoridad militar, era un ejemplo para todos nosotros. La trayectoria de Oscar Turcios, como las de Ricardo Morales Avilés, Julio Buitrago, y Tomás Borge, se remonta a los años 50, al nacimiento de lo que fue la Juventud Patriótica Nicaragüense. Él formó parte de esa juventud patriótica que levantaba los ideales de Sandino, que confiaba en la lucha armada y que posteriormente pasaría a engrosar las filas del FSLN.

Oscar Turcios fue un compañero que desde los primeros momentos se reveló como un revolucionario con grandes capacidades militares, y además una gran autoridad. Era muy valiente. Fue uno de los compañeros que estuvo en Pancasán junto con Carlos Fonseca, y con el compañero Tomás, y durante largo tiempo fue parte de la dirección nacional del Frente Sandinista. Al igual que el compañero Carlos Fonseca, él se había convertido en uno de los hombres más perseguidos, en una leyenda en el país.

Ya junto con el compañero Ricardo Morales, Oscar Turcios se preocupó por darle una mejor orientación al movimiento estudiantil, porque estuviera enmarcada dentro de las líneas revolucionarias. Comenzaron a darle al FSLN una fisonomía nacional. Oscar Turcios y Ricardo Morales eran todo un equipo en el que se combinaban las capacidades políticas con las militares.

RENÉ VIVAS (1971): A través del movimiento estudiantil conocí a Ricardo. Es difícil expresar las cualidades de Ricardo; un compañero realmente extraordinario. Dentro del Frente hemos conocido compañeros muy buenos, con muchas cualidades, y sin embargo Ricardo destaca entre los mejores. Ricardo era enormemente fraternal. Además yo diría que era un hombre que soñaba con un partido y una organización revolucionaria, y estaba constantemente encima de todo el mundo. Yo no sé cómo hacía para poder atender a tanta gente; incluso en las cosas personales estaba siempre de por medio, ayudando, orientando.

Él había salido de la cárcel junto con Doris Tijerino y los demás compañeros, todos, estábamos en esos días en el FER. Ricardo era profesor (decía él ¡porque nunca daba clase!) y Bayardo era otro que creo se las daba de profesor también.

Yo diría que el alma de todo eso eran Ricardo y Oscar... Oscar y Ricardo —es difícil saber quién estaba primero. Todas las orientaciones las recibíamos de ellos. Yo me quedaba asustado de cómo dominaban hasta las cosas más pequeñas. "Métanse en tal barrio, tal lado, tal sector, tal centro de trabajo", nos decían. "Bueno, ¿y cómo nos metemos?" y nos decían: "que el dispensario médico, que nos metiéramos a enseñar a leer y a escribir". Hacíamos un pequeño estudio de las necesidades del barrio, y llegábamos: "Aquí venimos, somos del CUUN y los queremos ayudar." (Siempre decíamos que éramos del CUUN, y todo mundo sabía lo que eso significaba, pero no se decía.) Entonces ya empezábamos: "¿Y qué es lo que van a poner ustedes?" nos preguntaban. "Lo primero es organizarse aquí, porque si no estamos unidos es difícil. A ver, ¿qué es lo que quieren ustedes? ¿Qué es lo que necesitan?" Siempre buscamos cómo ir traduciendo ese primer contacto —que lo daba cualquier pretexto— en organización. Yo me acuerdo mucho de una frase de Ricardo: "Una red clandestina de masas", decía. Una red clandestina de apoyo; tiene que ser de masas, con participación amplia, pero clandestina, y hay que saber combinar eso. Por ejemplo, yo nunca podía intervenir. ¡Eso me producía mucha frustración! Planificaba todo, pero no podía estar presente cuando ya desembocábamos en la asamblea del barrio. Ese día yo no llegaba. Seríamos en aquel entonces, no sé... cincuenta o sesenta legales y diez, doce, quince clandestinos. Ése era el Frente. El núcleo de clandestinos era pequeñísimo; el grupo de compañeros que llegó de México, José Valdivia, René Tejada, Juan José Quezada, Pedro Aráuz, Evenor Calero, Denis Enrique Romero, ésos eran. Y "Modesto" —Henry Ruiz— que ya estaba enmontañado. Modesto entró al país directamente a lo más duro, lo más inhóspito y aislado de la montaña. Se ofreció voluntariamente. En esos días la montaña no era ninguna maravilla. Nunca lo fue, pero cuando se inicia un trabajo de ese tipo son inimaginables las dificultades, y luego Modesto no era ningún campesino, de origen proletario, eso sí, pero un hombre de extracción urbana. También estaba Víctor Tirado clandestino, trabajando en la zona periférica de la montaña.

Víctor siempre se ha destacado por su sencillez. Aunque por ser extranjero, mexicano, podría haber llamado mucho la atención en los pueblitos donde andaba, pasaba siempre desapercibido. Caminaba con una gallina debajo del brazo y una granada en la bolsa; así se movía Víctor. Era frecuente que los compañeros campesinos que habían andado con él quisieran seguir solamente con él. ¡Y es valiente! Le tocó organizar la guerrilla en una zona que después fue bestialmente castigada por el enemigo: Kuscawás, Yaosca, todo eso.

BAYARDO ARCE (1973): Con el terremoto nosotros agarramos un gran impulso porque todos los cuadros de Managua se dispersaron a sus pueblos para refugiarse. Entonces, por iniciativa propia, comenzaron a hacer trabajo político. Además los comités de emergencia,

Cruz Roja, y cosas así, que servían para los refugiados, nos dieron una mayor cobertura para impulsar el trabajo político.

Por ahí me metí en organización sindical y organización obrera. Fui del comité que dirigió la primera huelga nacional de obreros de la construcción, a raíz del terremoto. Dábamos charlas políticas todos los días a cerca de mil obreros de la construcción. Nuestro fuerte hasta entonces había sido el trabajo estudiantil y el trabajo de barrios. De repente, con el temblor y la crisis, la dictadura quiso aprovechar las circunstancias para explotar más a los trabajadores; aumentó la jornada a 60 horas semanales sin pago de horas extras. Comenzó a surgir el movimiento espontáneo de los obreros para luchar contra eso. Sus dirigentes del partido socialista decidieron que no era el momento, que había que preparar la cosa. Pero de repente estalló una huelga de 500 obreros y no hallaban que hacer los huelguistas, porque el partido no los apoyaba, no los protegía, y nos fuimos a meter nosotros.

Los invitamos a irse a la universidad, que era el único lugar donde teníamos local, y ahí nos apoderamos de ella y la convertimos en el centro de operaciones. Organizamos a los 500 obreros en brigadas obrero-estudiantiles y nos lanzamos a parar todos los planteles. Hicimos una huelga nacional: se paró todo el país. Ricardo Morales Avilés y yo, como profesores, y Doris Tijerino y algunos estudiantes, dirigíamos el movimiento públicamente. Después quisieron irse a meter los dirigentes sindicales, pero ya la gente no los quería oír, sólo aceptaba directrices de parte nuestra. Pero como no éramos los líderes del sindicato, ni teníamos esa experiencia, a la hora de negociar se presentaron los dirigentes sindicalistas de la izquierda tradicional e hicieron un arreglo mediatizado, pero después de cincuentipico días de huelga, sin ingresos para los obreros, pues, que es una cosa seria. De ahí sacamos una buena cantidad de militantes unos quince o veinte militantes obreros, y como unos cincuenta obreros más que quisieron seguir en círculos de estudio.

BAYARDO ARCE (1974): Antes del terremoto habíamos entrado a hablar con muchachos cristianos que eran progresistas, pero que tenían reservas con el FER, el Frente y esas cosas. Pero comenzamos a hablar con ellos más seriamente a raíz del terremoto. Los primeros que llegaron fueron Luis Carrión, Roberto Gutiérrez, y el padre Ángel Barrajón, que era cura y ahora ya no lo es. Con el terremoto ya ellos se radicalizaron un poco más, vieron que la alternativa tenía que ser política y aceptaron ingresar al FER. La primera célula cristiana la formaron Luis Carrión, Joaquín Cuadra, Álvaro Baltodano y Roberto Gutiérrez. Se les encargó la tarea de organizar un movimiento cristiano, progresista, que aglutinara organizadamente al pueblo cristiano y que pudiera hacer tareas intermedias para el Frente. A las primeras pláticas llegamos Ricardo Morales y yo. Después ya me quedé yo organizándolos. Dimos esos dos saltos, pues: ya teníamos un movimiento cristiano, una célula cristiana. Teníamos a los obreros y habíamos comenzado a organizar regionales. Teníamos trabajo en algunos puntos del país: lo que es Chinandega, León, Managua y Estelí. Oscar y Ricardo operaban bastante en la zona de occidente, y en Rivas estaba Tomás Borge.

CARLOS NÚÑEZ (1973): Ricardo Morales Avilés es el primero que trata de intensificar el trabajo ideológico del Frente Sandinista de Liberación Nacional; comienza a esbozar el desarrollo de una teoría revolucionaria en la que se combina el carácter del sandinismo con el marxismo. Comienza también a aglutinar algunas organizaciones —como el Movimiento Cristiano Revolucionario— para tratar de darles una orientación política.

Comienza un trabajo de propaganda y de politización en estos sectores para tratar de integrarlos.

El movimiento cristiano surge con una serie de compañeros de extracción burguesa que comenzaban a encarrilarse con las teorías revolucionarias que apoya la Iglesia. Entonces se hablaba de cristianismo revolucionario. Esta cuestión la impulsaba también una serie de curas jesuitas, entre los que estaban Fernando Cardenal, Uriel Molina y Félix Jiménez. Indudablemente que una parte del movimiento cristiano desempeñó posteriormente un papel muy importante.

En León, por aquel entonces, comenzó a desarrollarse el trabajo con el movimiento cristiano también impulsado en gran medida por Carlos Roberto Huembes. Cuando Ricardo Morales cayó, venía de un seminario con militantes del Movimiento Cristiano Revolucionario, que se estaba haciendo en Tepeyac. De ahí se fue a la casa de Nandaime, que es donde lo capturaron.

ALICIA BERVIS (1973): Fue el 18 de septiembre de 1973 cuando asesinaron a los compañeros Jonathán González, Oscar Turcios, Ricardo Morales Avilés y Juan José Quezada. Nos habíamos trasladado a Nandaime porque ellos querían una casa de seguridad y el pueblo daba las facilidades para eso: para tener una escuela de entrenamiento, y para atender a los enfermos que bajaban de la montaña.

Ahí estábamos Jonathán, Juan José, otra compañera y yo. Ricardo y Oscar llegaban de noche más que de día, y parece que la directora del hospital que quedaba cerca pensó que teníamos un matadero clandestino de reses y que había un poco de ladrones de vehículos y todas esas cosas. Ella puso eso en un informe al comando de la Guardia Nacional y le dijeron que cuando volvieran a llegar los sospechosos les avisara. Así detuvieron una noche a Oscar y a Ricardo al salir de la casa, pero nosotros no nos dimos cuenta.

En la mañana vino el comandante de la Guardia a querer catear la casa. Yo le avisé a los compañeros Jonathán y Juan José que ahí estaba la Seguridad, que habían detenido a los otros compañeros, y que si les abría. Ellos montaron sus armas y me dijeron que los dejara pasar, porque ya sabían, pues, que o detenían a los Guardias o iban a morir ahí. Entró el comandante, un telegrafista y un militar, y no quedó ninguno vivo. Después del combate logramos salir bien de la casa, pero al rato llegaron otras patrullas, vieron a los tres Guardias muertos, vieron un poco de papeles que había allí, vieron que se trataba del Frente y que estábamos huyendo, y pidieron refuerzos para cercarnos. Pero nunca imaginaron que con ellos iban mujeres. Los compañeros se quedaron en una casita en el empalme de Granada y nos dijeron a nosotras que siguiéramos para León. Ahí nomás los asesinaron. Ellos hicieron frente al fuego, pero como andaban pocas municiones no pudieron seguir. Ya los habían detectado y ahí los asesinaron.

Después la Guardia fue a sacar a Oscar y a Ricardo para que identificaran a los compañeros muertos y para que les dijeran qué rumbo podíamos haber tomado nosotras, pero al ver que no decían nada, entonces ahí mismo los asesinaron también. La Guardia dio la noticia de que habían tratado de huir y que por eso los habían matado, pero ¿cómo iban a tratar de huir si estaban esposados y sin armas?

De estos compañeros, nada más a tres los retiraron sus familiares para el entierro. A Juan José no; no se sabe dónde quedó. A mí me dolió mucho, porque nos queríamos como hermanos, y le dije a su padre que no lo debería de haber hecho: dejar que la Guardia lo enterrara o lo quemara. Pero él dice que lo hizo porque tenía un hijo en la universidad y que si retiraba ese cadáver le iban a expulsar al hijo del colegio. Por eso no lo enterraron, pero a los otros tres compañeros sí.

BAYARDO ARCE (1973): Nos dieron ese golpe: la caída de Oscar y Ricardo, cuando estábamos esperando ya el regreso de los cuadros que mandamos entrenar. Después logramos meter a los primeros del grupo: Mauricio Duarte, José Antonio Avilés y Manuel Morales. Poquito antes había regresado Eduardo Contreras. Entró en agosto de 1973 y se supone que venía a reforzar el trabajo de Managua que estaba sólo a mi cargo. Como yo era legal, se estaba descuidando el trabajo clandestino. Realmente la legalidad plantea limitaciones para desarrollar las estructuras clandestinas, porque no se siente una necesidad apremiante de crear esas estructuras. En cambio el clandestino, que sí las necesita efectivamente, se ve obligado a desarrollarlas. Contreras venía a reforzar eso aquí, pero ahí nomás cayeron muertos los compañeros y restructuraron la comisión de la ciudad, quedando Pedro Aráuz como responsable, y Eduardo Contreras, un tal Plutarco Elías Hernández y yo como miembros. La comisión de la montaña siempre seguía igual: Henry Ruiz de responsable y Víctor Tirado y Jacinto Hernández de miembros. Pedro Aráuz era el primer responsable nacional.

JOSÉ VALDIVIA (1973): Hasta mediados de 1973 sucede algo que viene a cambiar toda la situación de la montaña. Catalino Flores, que era uno de los cuadros campesinos más desarrollados, con una gran trayectoria militante, un hombre que había sido sindicalista, colaborador en Pancasán, preso famoso, el "pisa y corre" original de las cárceles de Managua; un hombre a quien torturaron y no dijo nada, un hombre extraordinariamente valiente, un líder, pues, un hombre que aquí en Nicaragua fue muy conocido, este hombre se desespera ante tanto tiempo de trabajo organizativo y decide empezar a operar por su propia cuenta.

Entonces la clandestinidad de la guerrilla prácticamente se termina. Catalino realiza algunas acciones espectaculares y todo el trabajo del Frente en la montaña se destapa.

Empieza la persecución de Catalino; éste comienza a recuperar armas en la montaña, luego hace un secuestro a un cafetalero y se convierte en un mito. Catalino Flores... ya la gente lo veía aparecer hasta convertido en perro, porque en la montaña los campesinos creen en esas transformaciones: lo veían aparecer convertido en perro, en gallina, en todo. La Guardia empieza a tirar papeletas, le ponen precio a su cabeza y comienza la represión. Los primeros que caen son gente de La Castilla, colaboradores nuestros. Son asesinados la familia Castil Blanco y la familia Flores también. No pasa ni un año antes de que maten a Catalino. Pero como desde sus primeras acciones comenzó la represión, eso nos obligó a nosotros a preparar aceleradamente a la gente, a organizar escuelas militares. Para esa época, ya Carlos Agüero estaba en la montaña. Tenía una buena preparación y era buen instructor, y se quedó como responsable de las escuelas. Llegó con la tarea de militarizar todo el trabajo organizativo político que se había hecho, y comenzamos a hacer escuelas en todas las comarcas donde teníamos gente.

El 30 de mayo de 1973 llevamos a cabo la primera acción, que fue el ajusticiamiento de un juez de mesta, Higinio Martínez, allá en la comarca El Chile. Para entonces ya había también una presión de parte de la militancia para que empezáramos a golpear.

BAYARDO ARCE (1974): En enero de 1974 nos reunimos por primera vez en largo tiempo, la comisión de la ciudad y la comisión de la montaña. Unificamos criterios y mantuvimos la posición de que las designaciones aquí impartidas valían. En esa reunión, todo el mando decidió pasar ya a la formación de la guerrilla en la montaña. Porque en la montaña se estaba trabajando a nivel de comisión política. Generalmente andaba un compañero de la ciudad con un campesino de baquiano, visitando comarcas, trabajando políticamente y, de paso, conociendo. Vimos que era necesario pasar a una etapa superior de trabajo preparativo con la guerrilla de la montaña; comenzar a operar en grupos guerrilleros. No es lo mismo que se muevan dos individuos a que se muevan diez o veinte.

Germán Pomares había comenzado a abrir el trabajo en la zona norte, lo que es Nueva Segovia y Madriz; un trabajo para ir haciendo ahí guerrillitas de campo. Y andaba también metido en trabajo político. Estas guerrillitas de campo tenían la perspectiva de servir posteriormente como retaguardia para la acción fundamental, que para nosotros era la de la montaña. Serían guerrilleros de medio tiempo, guerrillas pequeñas también. Paradójicamente, ahí fue donde hicimos después las grandes concentraciones de hombres.

La misión que a mí me encargaron fue la de hacer la ruta Augusto César Sandino, que tenía que empalmar al occidente del país con la montaña. O sea que me ubicaron ahí, cerca de Somoto, para que hiciera una ruta clandestina que fuera a pegar por el lado de El Sauce y que luego fuera a pegar al Cuá, en la montaña. Se suponía que yo iba a hacer eso solo, y me dieron un gran machete y una mochila; el machete no me servía para nada en ese monte, que es pelón. Necesitaba baquiano, y a los campesinos que conseguí —un par de chapioyos viejos ya— les tenía que estar pagando para que me enseñaran cosas. Pero no había mucha plata. Tenía 150 pesos al mes para todos los gastos-necesidades de trabajo y personales.

Fue un gran choque. Fue un choque también en lo político. Después de estar acostumbrado a horas de discursos, me di cuenta de que me tomaba 10 minutos explicarle al campesino todo, y que al final le preguntaba: "Bueno, ¿y usted qué dice?", y él me decía: "Pues sí, aquí tiene la tortillita para cuando venga usted." Punto. Ya yo sentía que se me quebraba todito el esquema, pues.

Yo había visto el sistema de trabajo en Chinandega.

El responsable ahí se movía legal, con una Biblia, se montaba en buses. Y yo propuse hacer lo mismo ahí. Me lo autorizaron y entonces me quité el mochilón, el gran saco que andaba, me quité el machete y toda esa carga y me comencé a mover como comprador de cerdos sin saber absolutamente nada de cerdos. Tenía que andarlo preguntando todo, pero aparentaba ser comerciante agrícola. En algunos lugares eran un poco maliciosos y sospechaban de mí porque no tenía la pinta. Me denunciaban las manos: cuando me daban la mano sentían una mano de oficinista pues. Además, también traía yo el esquema de la ciudad de que el campesino anda con una camisa de manta azul, que ya nadie usa en el campo —sólo el folklore la muestra— y el *blue jean* azul que nadie lo usa tampoco en el campo. Entonces lo único que andaba del campo eran unos "burritos", unas botitas... y una gorra, ¡pero nadie usa gorra en el campo! Fui viendo eso, y me fui quitando cosas y ambientando. Usé sombrero, me quité la camisa y se la cambié a un campesino por una de las que ellos usan, y también el pantalón.

Entonces ya tenía más pinta, pues. Me puse a trabajar con los campesinos colaboradores. No por remuneración sino para ir aprendiendo e incluso para irme endureciendo un poco más las manos jodidas. Eso me permitió extenderme. Me metí a Somoto a recontactar al profesor César Augusto Salinas y a otro compañero que les habíamos dado un curso político Pedro Aráuz y yo tiempo atrás, cuando andábamos legales.

Con la ayuda del profesor Salinas, que era conocedor de la zona por ser maestro rural, ya extendimos el trabajo. Ya me movía por todos esos lados. Montaba un bus desde Cosmapa y me iba hasta Quilalí, que son un carajo de kilómetros. Ya teníamos contactos en Cosmapa, por San Lucas, Pueblo Nuevo, Estelí, Somoto, Totogalpa, San Juan del Río Coco, Ocotal, Quilalí.

LEONEL ESPINOSA (1974): El trabajo que hicimos en la zona de Ocotal fue bien duro. Lo empezaron Bayardo y Manuel Morales. Al principio lo que se hacía ahí era algún contacto, ya fuera un viejo colaborador o con un simpatizante de la causa sandinista, con el fin de comenzar a sentar estructuras clandestinas. La zona de Ocotal es una zona eminentemente agrícola, de campesinos pequeños propietarios. El sector burgués es muy reducido, y gira alrededor de la sierra, en donde están las compañías madereras transnacionales y la zona cafetalera. Sin embargo toda esa zona ya está bastante pelada, las transnacionales se han acabado los bosques; gran parte de la tierra la usan los terratenientes para potreros. Están pelados los cerros ahí y es una zona bastante árida.

La circulación de dinero en el campo en esa zona es extremadamente limitada. Lo que hay de fuentes de trabajo permanentes son las madereras y las tabacaleras —sea en la finca, sea en la parte de selección y clasificación de la hoja, que absorbe sobre todo mano de obra femenina. Este trabajo existe sólo en la ciudad de Ocotal, pues es de fábrica, y absorbe a unas setecientas personas. En la ganadería no se crean muchas fuentes de trabajo, es una forma de explotación extensiva, más bien. Entonces, el campesino de Ocotal parte para la zona de Estelí hacia adentro buscando las plantaciones de café para tener algún ingreso. Después de los tres o cuatro meses que dura la cosecha vuelve a su zona y se dedica a la siembra de granos, si es que tiene tierra en donde sembrar. Como se trata de una zona tan quebrada, hay muy poca tierra laborable: o siembra en las laderas de los cerros o en las riberas de los ríos; esas fajas tan estrechas de tierra apenas dan para una producción de autoconsumo.

En gran medida se trata de una economía de autoconsumo, por eso la sequía provoca grandes trastornos en la economía campesina. En la época en que estuve yo hubo una gran sequía, una gran crisis; se encontraba poco maíz. Ahí se siembra maíz y un trigo que se llama "millón", que mucho se usa para hornear. En cada ranchito hay por lo menos un horno.

En el pueblo los campesinos van a comprar azúcar, sal, fósforos, algún queso; con lo que ganan en el corte de café les alcanzará para una camisa al año, tal vez un pantalón.

Los terratenientes establecían una relación clásica con el obrero del campo: les hacían un préstamo de mil, dos mil, hasta tres mil córdobas y los obligaban a trabajar en sus fincas para ir desquitando la deuda. Por supuesto quienes le iban llevando la cuenta al obrero de la deuda eran los propios patrones; le cobraban intereses y todo. Así se podía pasar el campesino año tras año pagando la deuda; si no quería cumplir se mandaba a los jueces de mesta por él. Primero se le notificaba que tenía que ir a trabajar en la hacienda, luego llegaba la Guardia a su rancho.

Hay otra particularidad de esa zona: como había sido sandinista toda la parte de Ocotal, Nueva Segovia, Wiwilí, Quilalí, El Jícaro, etc., toda esa zona había sido guerrillera, entonces Somoza ideó la política de reclutar a ese campesinado para la Guardia. De tal manera que las familias se encontraban de alguna forma involucradas con la Guardia Nacional. Había por ejemplo buenos colaboradores nuestros en la zona en que teníamos algunas escuelas militares, que tenían a algún miembro de su familia en la Guardia. Cuando llegaban los Guardias a sus casas, sus familiares les decían que mirá, que qué estás haciendo ahí, que salíte, que esto y lo otro, pero no les decían que eran colaboradores nuestros.

A pesar de esto, nuestra forma de reclutamiento era bastante segura: contactábamos al "patriarca", digamos, que conocía a todo el mundo ahí desde hacía 20 ó 25 años. Él mismo te señalaba quién era buena gente; a ellos les decía que uno iba a llegar, y entonces ya el patriarca lo presentaba a uno. Se platicaba un poco de qué era lo que se andaba haciendo, qué era la lucha armada, en fin, se hacía un poco de propaganda de los objetivos de la lucha en función de las reivindicaciones del campo. Se hablaba de las tierras, la producción, la salud, la educación —pero fundamentalmente de la tierra. En realidad si el campesino estaba dispuesto a establecer el contacto, casi uno no hablaba. Quien hablaba era él; él era el que contaba que si por ahí pasó Sandino, que si su papá también luchó, o era tal cosa de Sandino, que si no estaban de acuerdo con Somoza porque era un tipo que los había hecho mierda, etcétera.

Entonces digamos que el tipo de transmisión nuestro era gráfico. Supongamos que yo quería hablar un poco sobre la tierra. Cuando el campesino iba a labrar, yo le preguntaba que para dónde iba, y le decía "vámonos pues". Trabajaba un rato con él y le comenzaba a explicar sobre la marcha. Le preguntaba: "Mirá, ¿y cómo hiciste para arar?, ¿tuviste que despalar primero tu tierra? ¿Quemaste? ¿Por qué quemaste?, ¿por qué estás sembrando en esta ladera? Fíjate que en aquel otro lado hay tierra bastante extensa y buena..." Entonces él contestaba: "Pero es que esa otra tierra es del fulano..." Así, de esa manera íbamos, pues. No era cuestión de sentarlo y decirle: "Mire, lo que pasa aquí es esto." Algunos así lo hacían, pero la experiencia demostró que eso no da resultado. Ese tipo de relación con el campesino no es lo más apropiado; establece una diferencia entre el hombre de la ciudad y del campo; genera desconfianza. Tenés que ganarte la confianza demostrando que vos también podés vivir de esa manera, que no sos parásito, porque ellos te tienen que mantener. Sos una parte de la comida y una parte del techo y de la tabla donde duermen.

Todo este trabajo lo íbamos desarrollando con un solo objetivo: la creación de la ruta Augusto César Sandino, que había encomendado la dirección nacional. Teníamos que empalmar El Sauce con Somoto y Ocotal, hasta llegar a la montaña. Entonces, se trataba de ir asentando puntos; al campesino se le pedía que nos enseñara la zona, la forma de evitar casas o lugares inseguros, que nos señalara rutas nocturnas, veredas, cosas así. De esa forma se iba trazando la ruta, haciendo escalas que podían variar de los tres días a la semana en cada punto.

Al principio Bayardo y Manuel Morales avanzaban de forma mucho más difícil: sólo de noche y con unos grandes sacos a cuestas. Pero pronto se dieron cuenta de que la cosa era muy lenta así. Abandonaron el saco grandote, se camuflaron mejor dentro del campesinado y se movieron con más libertad. Esa fue una parte de la solución. La otra se dio en una circunstancia que supimos aprovechar con eficacia: la presencia de los franciscanos que trabajaban de manera bastante poco tradicional con el campesino. Hablaban de la diferencia entre los ricos y los pobres, y fueron creando todo un tipo de conciencia entre esos campesinos que estaban zona adentro de Ocotal.

Estos franciscanos organizaron unos grupos que se llamaban Delegados de la Palabra. Eran grupos de jóvenes que tenían su casa central en El Jícaro; de ahí salían a hablar a todas partes. Como Delegados de la Palabra estaban ungidos de un poder enorme —recibían un reconocimiento tremendo por parte del campesinado. Entonces, en gran medida, yo aproveché eso moviéndome como Delegado de la Palabra, ¡sin serlo, por supuesto! No dejó de haber cierto grado de cooperación también con los franciscanos, aunque ellos no sabían que yo era del Frente. Con el que mejor me llegué a llevar, fue con uno que lo sacaron de cura, Evaristo Bertrán, que es una persona bien especial.

Con Evaristo llegamos a un acuerdo, ya que los dos andábamos buscando un mismo objetivo aunque con distintos medios; realmente el beneficiado de esa ayuda siempre era yo, porque por ejemplo, si los dos teníamos una red de correo, la de él era rápida. Bastaba con que él, como cura del lugar, diera la orden de que le llevaran una carta, para que ya estuviera llegando.

Nos ayudó mucho porque realmente la gente más consciente coincidía con el trabajo de él. La gente inquieta, con mayor conciencia de la diferencia entre los ricos y los pobres, en tiempos muertos o de inactividad política buscan la religión. Pero cuando saben que viene el Frente, ahí tiran la Biblia. Se dio el caso de un colaborador nuestro que tenía un hijo que se había hecho miembro de los Testigos de Jehová. Cuando él se dio cuenta de que nosotros andábamos ahí, se disgustó mucho con su papá, porque la política de los hombres no era del reino de los cielos, y solamente el poder de Dios puede derrocar a alguien, y los hombres no tienen derecho a decidir sobre los hombres, y un montón de cosas así. Se creó una situación bien seria ahí, y yo tuve que ponerme a investigar en las revistas de los Testigos de Jehová para poder convencerlo por medio de la lucha entre Dios y el Diablo, que según ellos fue una lucha algo así como galáctica, de que teníamos que hablar. Lo más difícil es romper el cerco de la comunicación. Cuando se dieron cuenta los de la compañía maderera donde él trabajaba de que algo estaba pasando, quisieron que él participara en un consejo contra el papá. Pero el muchacho ya no quiso participar, negó todo, y ahí se estableció un compromiso con nosotros.

No con todo el campesinado se tenía que proceder así; la lucha del Frente Sandinista es bien rica en experiencias particulares. En esa misma zona había campesinos que eran bien avanzados; que preguntaban específicamente: "Bueno, ¿cómo es Cuba? Decíme cómo vive la gente, no me vengás ahí con chochadas." Así, se miraba la diferencia entre gente que decía: "Sí, yo quiero participar, yo estoy de acuerdo con usted", pero con una cierta timidez ante el compromiso, que después evadían, y gente que decía: "Bueno, ¿vos sos del Frente? tenía mucho tiempo de tener ganas de platicar con ustedes", con la que se establecía una relación bien amplia.

BAYARDO ARCE (1974): Al mismo tiempo que nosotros caminábamos, Juan de Dios Muñoz venía avanzando también por el lado de Quilalí. Juan de Dios era un hombre que no era de esta época; era para más adelante. Era un muchacho obrero, radiotécnico de León, que reclutó Edgar Munguía para el Frente. Comenzó a trabajar en organización y en reclutamiento y debido a la mística que demostró para la revolución se le escogió para el grupo que mandamos a entrenar. Según la información de que dispongo, en el entrenamiento se distinguió precisamente por su mística revolucionaria. Era de los que no salían ni a la calle para no ir a gastar los cinco o diez centavos que les daban por día para sus gastos personales. Un hombre sumamente preocupado por los compañeros que cometían errores. Era de los que se conmovían tanto por los problemas organizativos, que lloraba. Era un hombre extraordinariamente fraternal, de una inmensa calidad humana.

Entró al país en 1973, con Francisco Rivera y David Blanco. Fueron trasladados de inmediato los tres a la montaña. Ahí comenzó a funcionar como correo entre la montaña y la ciudad. Después fue quedando como responsable organizativo de la periferia de la montaña, y siempre de correo con la ciudad. Se echaba un quintal de grano a cuestas y se tiraba a caminar; era una bestia para caminar.

Ahí se quedó en la montaña hasta septiembre de 1976. Lo más lejos que bajó, fue a Matagalpa. Ahí se coordinaba con el regional de Matagalpa, en los abastos de la montaña y todo eso. En septiembre de 1976, cubriéndole la retirada a su escuadra que había sido detectada, lo hirieron. Para esto ya lo habían herido un montón de veces; esa vez lo hirieron en la cabeza con un escopetazo. Perdió el ojo y le quedaron cuarenta y pico de charneles en el cerebro. Casi pierde el otro ojo; se lo logramos salvar aquí y después lo mandamos al exterior a que lo vieran, a cumplir una misión y a ver cómo andaba. Se fue con Pedro Aráuz a fines de 1976. Iba a organizar una escuela de entrenamiento militar a Honduras. Queríamos entrenar a un grupo de gente nuestra ahí, porque aquí en la ciudad teníamos dificultades.

En Honduras lo examinaron y le dieron dos años de vida, esto con tratamiento. Sin tratamiento le daban un año. Necesitaba un tratamiento anticonvulsivo. La única posibilidad que había era la de que se fuera a Cuba o a la URSS a hacerse una operación de microcirugía, y eso como posibilidad. Entonces él no aceptó; dijo que iba a irse hasta después de que cumpliera su misión obsesiva que era abrir una ruta desde Honduras hasta la montaña para abastecer a los compañeros que estaban aislados. Se quedó con alguno de los alumnos de la escuela y se fue a enmontañar ahí en Honduras, a buscar la ruta, y estuvo como dos meses ahí. Pero como no había recursos, no había nada, sólo grandes dificultades, no teníamos plata para pagarles a los campesinos, decidimos trasladarlo de nuevo al interior del país porque él ya no quería irse a curar, quería entregar todo su tiempo acá. El jodido no se tomaba los anticonvulsivos porque le daban sueño y eso le restaba energías en el trabajo. ¡Arrecho siempre a leer con ese su ojo único que tenía! Teníamos que prohibirle la lectura, y a veces me ponía yo a leerle, o ponía a alguien a que le leyera los papeles cada vez que venía a la ciudad. Así estuvo, hasta que decidimos mejor meterlo a la ciudad a que nos ayudara acá en el trabajo a Federico y a mí, integrando la comisión de la ciudad y del campo ya que sólo la integrábamos nosotros dos. A Juan de Dios lo traicionó el hijoeputa que está preso ahorita, Marvin Corrales. Juan de Dios era un hombre incapaz de decir una mala palabra, era todo un ejemplo de cuadro.

CARLOS NÚÑEZ (1974): En 1974 pedí permiso a la organización para venirme a estudiar a Managua, pero fallaron los mecanismos para contactar a los compañeros del FSLN aquí, y pasé dos meses desligado de las coordinaciones, de los avisos, de todo eso. Y allí aprendí otra cosa, que ya *nada* puede ser como antes. Uno fuera de la organización se siente vencido, y es que me doy cuenta que me he acostumbrado a este tipo de trabajo, sin recibir nada, que he aprendido que este pequeño aporte que puedo dar dentro del conjunto de aportes de todos nuestros hermanos es decisivo para la organización; en este tiempo he aprendido que sin la organización no soy nada, y que es más, que sería una especie de autómata, de robot, si yo dejara la organización. Todo eso que he aprendido, y todo eso que he vivido, y todas esas cualidades y esos sentimientos que he desarrollado se destruyen no estando en la organización. Porque es en la causa, en la causa revolucionaria que venimos engendrando y haciendo nuestra, que se aprende a amar a todos los compañeros, que se aprende a pensar en función del conjunto, de la organización y sus intereses, de tal forma que después, cualquier deseo o interés individual se vuelve mezquino.

Y eso a mí se me confirmó aún más, posteriormente, cuando vi a compañeros destruidos moralmente al abandonar la organización. Cuando quisieron regresar ya era demasiado tarde. Se destruyeron, porque abandonar el trabajo revolucionario es el mayor delito que puede cometer un hombre. De ahí que llego a Managua... y me hace falta el trabajo. No me siento conforme con estar estudiando en la universidad. No me siento conforme con pasarme el tiempo leyendo, sin el vínculo permanente. Insisto e insisto e insisto y por fin logro el contacto con el compañero Eduardo Contreras.

OMAR CABEZAS (1974): El Gordo Montenegro viene un día y me dice: "Te vas." "Vé", me dice, "alistáte, que te vas pasado mañana para la montaña." ¡Iiiiii... qué felicidad la mía! Yo estaba harto del movimiento estudiantil. Son seis años los que llevo en la universidad. ¡Cansado estoy! No siento miedo; ya voy con una fe histórica, pues.

Fue una gran alegría porque estaba superenamorado de la que es mamá de mi niña. Me acuerdo que llego encantado y le digo: "Amor, me voy a la montaña." Me dice: "¿Cuándo te vas?" "Pasado mañana, y me han dado 500 córdobas para comprar un montón de cosas. Aquí tengo la lista." "¿De verdad, mi amor? ¡Qué alegre!" Pero al rato nos ponemos tristes porque nos tenemos que separar. Me acuedo que nos fuimos al comercio de lo más alegres, agarrados de la mano: "Mire, me da enseguida un par de botas, un machete, un foco, una cobija, un saco macen, una bolsa plástica, 30 Mejorales, 30 Aralen, unas Entobex para las amebas, un chispero de chispas, un vasito de gasolina para el chispero, una botella de plástico y una cuerda de nylon." Fui disfrazado de campesino; me fui con un sombrerito de paja, un machete, quién sabe cuantas cosas.

En esa época teníamos un aparatamento, con un grupo de amigos y fuimos con todo ese equipo al departamento. No teníamos ni cama ni mobiliario sino unos petates. Entonces, nosotros teníamos pensado desde antes que si yo me iba para la montaña teníamos un niño, y esa noche compramos un montón de cosas y mi mujer me decía: "Amor, ponéte todas esas cosas para ver como es que te vas a ver en la montaña cuando seás guerrillero." Y entonces, me puse mi pantalón y mi camisa blanca, mi sombrerito y mi machete. Y luego nos pasamos haciendo el bebé como desde las siete de la noche hasta las cinco de la mañana.

Cuando llegué a la montaña pensé que se me había mandado sacrificar, e incluso así se lo mandé decir en una carta a Pedro Aráuz. Me acostaba en la madrugaba, no comía a mis horas, fumaba a lo descosido; nunca practiqué ningún deporte y de repente me agarran y me ponen en una trocha cerca de Matagalpa a empezar a caminar. Por supuesto que me escapé de morir. No me dejaban de temblar las piernas. Recuerdo que subí con una escopeta de un tiro, y cuando me dijeron que iba camino a la montaña de Matagalpa yo me sentía el hombre más poderoso del mundo, con un morralito lleno de un montón de tiros de escopeta. Era una escopeta de cacería, vieja, de esas que se quiebran en dos. Y claro que pensaba que si la Guardia aparecía yo agarraba mi escopeta y la aniquilaba. La escopeta esa no tenía en qué guindarse; no tenía portafusil. Y comenzamos a caminar en el mes de julio cuando el invierno es duro y están los caminos lodosos que se hunde uno hasta la mitad. El terreno es accidentado y yo me caía. Y ya por último en el infierno y el cansancio y la pesadilla de aquella maldita obra, con una mochila de cincuenta libras atrás —que yo ya no era dueño ni de mis piernas ni de mi mente ni de nada—, mi único afán era caminar para que los otros no me dejaran. Agarraba yo la escopeta y la sembraba de pico, y como era partida por la mitad a veces se me abría, y entonces se salía el tiro, se me perdía en el lodo, y yo lo buscaba en el lodo y me enchanchaba y comía lodo y me caía en el lodo... ¡un infierno horrible! Nunca sentí ganas de llorar, pero me vi reducido a mis niveles de mayor impotencia, a sentirme el hombre más inútil, incapaz, gualdrapa, sin poder dominar el medio.

Como un año me duró aquel desconsuelo, aunque tendría que confesar una cosa: la montaña y yo *nunca* nos hicimos amigos. En seis años, nunca nos hicimos amigos. Por supuesto que me acostumbré y puse entusiasmo, pero en el fondo nunca me gustó. La aceptaba a nivel estratégico y sabía que era lo correcto. Había otra cuestión, que era la formación personal de uno: ahí nos proletarizamos todos. Yo llegué de la ciudad a la montaña acostumbrado a mandar, acostumbrado al poder, y me ponen de responsable a un campesino —analfabeta por lo demás. Y yo con esa prepotencia. Es que al estudiante se le hace inconscientemente cierta vanidad, cierta autosuficiencia. Según yo, yo me he leído a esas alturas todo el materialismo dialéctico, toda la escuela latinoamericana de sociología, etc., y llegando a la montaña me mandan a mí a traer leña. ¡En mi vida había agarrado un machete! Se me ampollaban las manos, me escapé de cortarme las patas, nunca le pegaba al palo maldito donde debía de pegarle. Y cuando uno lograba montar un tercio y empezaba a caminar por la selva maldita esa, se le caían los palos y uno se caía y era aquel pleito horrible para llegar con un pedacerío de palos para que luego le dijera un campesino: "¡Jodido! ¡Usted no es capaz de conseguir más que unas cuantas leñas mojadas! ¡Vaya a traer leña!"

La montaña te va quitando la prepotencia, la vanidad. Es por eso que en la montaña nunca adquirís responsabilidades antes de un año.

Pasé como un año sin entrar en combate; tenía una serie de problemas físicos. Encima de todo me dio lehmaniasis —lepra de montaña. Al principio salen unas como burbujas y luego se hacen más grandes y más grandes y te van carcomiendo y carcomiendo y carcomiendo: incluso se me llegó a ver el hueso. Esto dolía insoportablemente, y desgraciadamente me llegó a dar en las dos piernas. Me rozaba las llagas con las botas, era un dolor indescriptible... Ahí ponés a prueba todo: o sos o no sos. Pero ya para mí estaba adquirido el compromiso histórico con este país, con el pueblo, contra el imperialismo, contra Somoza. Y el contacto con la miseria del campesino que se te refriega en la cara. Si no sos consecuente y no sos revolucionario esa cuestión te hace desertar. Yo sigo creyendo que la madera fundamental de cualquier revolucionario es la vergüenza. Llegan momentos tan difíciles que el menor momento de debilidad te rompe y se pasa por encima de todas las cuestiones de tipo técnico, marxista y leninista, y la cuestión moral, la cuestión de la vergüenza revolucionaria adquiere dimensiones extraordinarias en cuanto al mantenimiento de los principios y la lealtad y el ser consecuente.

Mi primer combate fue en un maizal, hacia el lado

de Bocay. Andábamos cuatro haciendo un reconocimiento y yo estaba de responsable de la escuadra. Estábamos descansando porque acabábamos de romper un cerco. Andábamos por un bordecito que había allí, en una milpa. No había ni parapeto, nada más un zacaterío. Estábamos en plan de emergencia y sentimos que la Guardia venía. Por supuesto, los demás estaban claros de que si había fuego, yo daba las voces de mando. Era un plan de tipo táctico, pues. Entonces, de repente, la Guardia apareció. Yo puse rodilla en tierra. Andaba una carabina M-1, una granada y una pistola Browning. Estaba conmigo "Justo", el inolvidable Justo que cayó combatiendo a la Guardia que salió fugándose de Managua el día después de la victoria. Yo puse rodilla en tierra esperando que la Guardia apareciera. Cuando la tenemos cerca, como yo soy jodedor ¿verdad? le guiño el ojo a Justo y vemos que entra el primer Guardia, entra el segundo, entra el tercero a nuestra área de fuego. Queríamos que llegaran cuatro para que hubiera uno para cada uno, pero cuando veo que entra el tercero, me doy cuenta de que un compa que anda con un Garand está casi casi con el fusil sobre la barriga del Guardia, y entonces ahí abro el fuego. Ésa fue la primera vez que maté a un hombre, y lo que sentí fue una inmensa felicidad, como que hubiera liberado una tensión de siglos. Se me cruzaron un montón de imágenes: estudiantiles, personales, familiares, de mi hija, de mi mujer... pensé en los compas muertos. Digamos que salieron a través del disparo quinientos años de dominación. Y por supuesto que cuando nos retiramos fue una retirada vertiginosa, en zig-zag, pero llegamos todos a donde nos habíamos fijado el punto de reunión. Y nos funcionó el punto de reunión. Nos encontramos los cuatro y me acuerdo que le golpeé la espalda a uno de los compas. "Así me gusta, jodido", le dije. Luego agarramos para un río que se llama Aguasuá y dormimos felices toda la noche.

5. AUGE Y REPRESIÓN (1974-1977)

JAIME WHEELOCK (1974): * El 27 de diciembre nosotros tratamos de recomponer en un solo acto las fuerzas históricas que tenían que aparecer en el escenario. Estábamos tratando de concretar en realidades, en hechos, lo que era el Frente Sandinista, lo que era el sandinismo. Y en un momento en que se estaba organizando una alternativa burguesa de nuevo tipo, estábamos tratando de evitar el paso por una etapa democraticoburguesa, con hegemonía de la burguesía. Para nosotros la acción del 27 de diciembre —el asalto a la casa de Chema Castillo, y la toma como rehenes de los representantes de la burguesía y el imperialismo— debía expresar la madurez, *sintetizar* la madurez política y militar del Frente Sandinista, y al mismo tiempo proyectar un estímulo para la agitación en nuestras masas; demostrar que la última etapa de la dictadura ya había pasado y que nosotros entrábamos a la ofensiva estratégica. Porque a partir de la acción del 27 de diciembre, lo que conocimos aquí fueron discusiones internas de *cómo* acabar con la dictadura —sobre la base de un entrenamiento y organización militar de las masas, y el ensayo de nuevas formas de lucha. Y tratamos de hacer todo eso en circunstancias en que para la mayor parte de la gente del Frente Sandinista, o el sandinismo, eran

* El 27 de diciembre de 1974, el comando "Juan José Quezada" del FSLN tomó por asalto la casa del diplomático somocista José María ("Chema") Castillo Quant, en los momentos en que se ofrecía una fiesta al embajador de Estados Unidos, Turner Shelton. Aunque el embajador ya se había retirado, se encontraban entre los rehenes familiares de Somoza y altos representantes del régimen. Tras tres días de negociaciones, el Frente Sandinista consiguió sus principales demandas; liberación de 18 reos políticos del régimen (no todos sandinistas), y la difusión de 2 comunicados.

ideas de minorías, actividades diluidas de grupos estudiantiles, acciones de grupos radicales, y no la continuidad de las luchas y de las tradiciones históricas de lucha del pueblo nicaragüense y de la programática de Sandino. La tarea que nos tocaba a nosotros era recomponer el esquema de fuerzas que había querido desbaratar el imperialismo al colocar a Somoza en el poder, y para lograrlo tuvimos que pasar primero por tiempos bien duros por ejemplo la guerrilla de Bocay en 1963 fue para que nuestro pueblo creyera, viera un hecho y una potencia nuestra; el fracaso de Pancasán en 1967 fue para que nuestro pueblo confiara. El Frente Sandinista tuvo que sintetizar la experiencia de toda la lucha armada desde Sandino, pasando por los revolucionarios que vuelven a levantar la bandera de la lucha armada en 1957, 1958, 1959 y 1960. El Frente Sandinista es la síntesis de todo esto bajo la conducción de un hombre tenaz, riguroso, con una fe inquebrantable en el futuro de la revolución, que fue Carlos Fonseca, el continuador de las ideas y de la acción de Sandino, el dirigente que formó parte de esos movimientos anteriores.

Todo era parte de ese trabajo de recomponer el esquema de fuerzas y oponerlo a las contradicciones que había: en primer lugar Nicaragua no era un país libre; estaba dominado por una dictadura que era la expresión local del imperialismo, y en segundo lugar esa dictadura estaba desgastada; con el tiempo había ido chocando con todos los grupos sociales, incluyendo a la burguesía, porque el imperialismo había colocado a la dictadura por encima de la sociedad.

En los últimos quince años en Nicaragua, a raíz de la formación del Mercado Común Centroamericano y de una reorientación de la inversión norteamericana, había comenzado a crecer con bastante rapidez un sector importante comercial y también una economía agrícola más sólida que la que había en 1926. O sea que iba surgiendo una clase que sí podía ser un proyecto político, y se organizó entonces la Unión Democrática

Nacional (UDEL) con Pedro Joaquín Chamorro a la cabeza y se empezó a conformar un proyecto político alternativo a la dictadura.

También con el terremoto de 1972 se fortaleció una burguesía que fue capaz de colocarse por encima de todos los sectores económicos como oligarquía financiera. Ya para 1974 estos grupos económicos grandes, oligárquicos, estaban listos para compartir el poder con Somoza, pero lo que pasó fue que Somoza no quiso. Entonces nosotros pudimos al mismo tiempo levantar la bandera de la liberación nacional y unir a todo el pueblo. No se trataba de decir: "Bueno, esto es una lucha de clases." ¡No! "¡Ésta es una lucha por la democracia y la liberación nacional, contra la dictadura somocista!" Así nosotros aprovechamos el encubrimiento que había hecho el imperialismo de su presencia para devolvérselo; nosotros dijimos que íbamos a luchar contra Somoza, por la democracia, pero realmente nosotros estábamos luchando contra el imperialismo.

El 27 de diciembre nosotros teníamos que expresar una gran fuerza y ajustar la correlación, darle forma. Ya habíamos ganado la fe y la confianza, y venía ahora la credibilidad real, la capacidad práctica del Frente como vanguardia y como grupo de acción: había que darle un golpe contundente a la dictadura y, lo práctico también, sacar muchos pesos. Entonces la acción del 27 creo yo que contribuye a inaugurar la última etapa de la lucha contra la dictadura. Los sandinistas ya habíamos logrado muchas cosas históricamente: restructurar o reintegrar el movimiento sandinista, ganar fe y confianza por parte del pueblo y por parte de nosotros también, pero nos faltaba esa capacidad práctica que fue la que permitió iniciar la ofensiva final.

HUGO TORRES (1974): En los últimos días de octubre nos empiezan a reconcentrar en una casa cerca de Managua, en Las Nubes. La acción la teníamos planificada más o menos para los primeros días de diciembre, o sea que nosotros estábamos ya en plena disposición combativa a finales de noviembre. Ya incluso los planes de estudio y de preparación se habían cumplido para esa fecha. Cuando se pospuso la acción porque no se pudo dar con el objetivo inicial que habíamos planeado, implementamos la continuación del estudio y el mantenimiento de las condiciones físicas y la moral combativa de la gente. Es así como a partir de esa fecha nos preparamos todos los días. A las 5:30 teníamos que estar listos. A esa hora salía "Marcos", Eduardo Contreras, a recoger la información que le tenía lista el equipo de información en Managua sobre los lugares donde hubiera fiesta o movimiento de fiesta —embajadas, casas de diplomáticos, casas de funcionarios de gobierno. Descartamos varias posibilidades.

Ahí, quienes implementaron el plan para el manto y toda la cobertura de la casa fueron Eduardo Contreras (Marcos) y Tomás Borge. Se llevaron a Charlotte Baltodano y a Leonel Espinoza, que hacía de marido de la Charlotte, a ocupar una finca que se había conseguido cerca de Managua, en Las Nubes. Ahí llegaba Tomás. Ésa es una cosa que todavía no tengo clara: supuestamente la Charlotte vivía ahí con su marido, pero llegaba Tomás vestido de militar y ella hacía de querida del militar, algo así. Eduardo era un ingeniero. Además tenía pinta de ingeniero, de tecnócrata. ¡Serio, serio! a veces demasiado, sí, demasiado estricto, exigente. Cuando llegaba Eduardo todo el mundo comenzaba a ver si el arma estaba brillante, si estaba bien sentado. Esa era la cobertura pues, con Germán Pomares, que hacía de jardinero. Cerca de la casa estaban unos señores que anteriormente la cuidaban, entonces ¿cómo los íbamos a correr? Había unos setos entre la casita de ellos y la nuestra y lo que hizo Pomares fue hacerse amigo de ellos, y bien, bien se llevaba con ellos. Hijo verdadero del pueblo era Pomares. Andaba siempre un radio de esos de transistores oyendo música como todo buen jardinero, con su machetito en la mano, con la tijera de cortar flores —muy propio de Pomares. Era una maravilla de gente, un viejo zorro que cuando vos andabas con él te sentías como que anduvieras blindado.

Se nos asignó como jefes de grupo al comandante Eduardo Contreras, miembro de la dirección, y al comandante Pomares, combatiente con una gran experiencia, jefe de una de las escuadras. Pomares comenzó a luchar en 1958, creo —incluso se cuenta la anécdota de que cuando la famosa rebelión de "Olama y Mollejones" que encabezó la burguesía opositora, a Pomares no lo quisieron llevar por pobre y por feo. El compañero Joaquín Cuadra estaba a cargo de la otra escuadra. El grupo estaba compuesto por compañeros seleccionados de todos los regionales del país: Hilario Sánchez, hijo del pueblo de Subtiava, obrero, Javier Carrión, Leticia Herrera, Olga López Avilés, Eleonora Rocha, Omar Hallesleven y yo, de los que estamos vivos. El resto del grupo eran Félix Picado, picapedrero de Subtiava, obrero de gran conciencia, gran coraje, gran valor. Roger Deshón —también viejo luchador de los años 1950-1960. Un tipo flemático, tranquilo hasta la desesperación. ¡Chele chele chele! —y de ojos azules, parecía más bien ruso, sí. Además hablaba ruso, estudió en la Unión Soviética. Y el más joven, Alberto, un compañero indio, fuerte, del equipo de beisbol de Pomares, allá en El Viejo. Mercedes Avendaño, que también ya murió, iba a participar, pero consideramos que no era conveniente porque se le inflamaron las rodillas en el entrenamiento. Era una compita chaparrita ¡bien linda! ¡bien noble! Leía las cartas. Cómo sería que hasta el comandante Borge hizo fila para que le leyera la mano. Yo no hice fila. "Usted tiene miedo", me dijo, "de que le diga la verdad." Y era cierto. ¡Todo mundo haciendo fila, hasta Eduardo Contreras haciendo fila en eso!

A mí me tocó ser instructor de preparación física de la gente, y de armamento y de táctica de mi escuadra. El comandante Contreras era instructor de historia de Nicaragua. Era un obsesionado por darle a la historia su verdadero carácter, por rescatar a nuestros caciques en la lucha contra el colonialismo español, darles el lugar que se merecían y transformar la historia y verla desde un punto de vista de clase. Tomás nos daba táctica y Joaquín, Pomares y yo éramos sus auxiliares.

Gran parte del logro de la acción fue el entrenamiento que tuvimos y el uso de los simulacros. ¡Realizamos tantos simulacros! Las primeras veces lo hacíamos mal: no sabíamos cómo ocupar una casa, no ocupábamos bien los ángulos de la casa, nos descuidábamos la espalda. Empezamos a hacer simulacros donde unos hacían de buenos y otros de malos —de comando y de invitados a la fiesta. Y había "invitados" que se pasaban de la raya —¡compañeros que se encaramaban encima de un ropero esperándonos ya! Eso ayudó a que poco a poco fuéramos perfeccionando los simulacros a tal punto que —¡prac!— nos tomábamos la casa en cuestión de segundos.

El mismo 27 de diciembre se decide dónde va a ser la acción. Lazlo Pataky, uno de los rehenes que tomamos después, agente del sionismo, periodista vendido, leyó la invitación a la fiesta en su programa de radio. Era parte de su vanidad leer las invitaciones que le mandaban: "Tuvimos el honor de ser invitados por el señor, nuestro querido amigo José María Castillo Quant, a una fiesta a la que asistirá nuestro apreciado amigo el embajador de los Estados Unidos."

Se reunió el comando y se nos dice: "Hoy es la acción, hay que alistarse." Javier Carrión, que conocía la casa de Chema Castillo porque era amigo de las hijas, elaboró el plan rápido de la casa. Teníamos una disposición combativa magnífica, con una moral increíble, con ganas, ¡desesperados por entrar en acción! Ya teníamos un mes completo de retraso, y es una tensión arrecha **estar** esperando todos los días y no se daba, y un día **más** ¡y no se daba! Así que nos alistamos y se nos formó, se hizo la revisión del caso —las armas, la dotación, el botiquín... yo sentía cierto temblorcito en las piernas. Sabía que había llegado el día y no había vuelta atrás. La tensión siempre es más grande antes de entrar en combate: ya cuando entrás, vos sabés que matás o te matan. O te parapetás bien o te pegan tu semillazo. Ya es otro estado psicológico. Tus nervios ya no están tan tensos, sino que están viendo por dónde pueden venir. Estás disparando y hay el olor a pólvora y el calorcito del cuerpo, y las pupilas que se te abren desmesuradamente hasta que ves más allá de la cuenta. Lo más lindo es contarlo, sí. ¡Lindo es! Bajamos en dos autos, cantando el himno del Frente. Dice Pomares: "Bueno, hoy somos o héroes o mártires." Nos topamos con dos patrullas de la Guardia, y más adelante, como prueba de lo chiquito que es este país, dice Eleonora Rocha: "Vé, ahí está mi hermana." Y efectivamente, ahí estaba la hermana pidiendo *ride* en la carretera.

En cuestión de segundos nos tomamos la casa como si la hubiéramos conocido. Ya cuando íbamos llegando vimos dónde estaban ubicados los guardaespaldas. A última hora se nos asignó el sector que nos iba a tocar a cada uno según la ubicación de los guardaespaldas de los fiesteros, y nos bajamos disparando, o sea que la sorpresa fue mayúscula para el enemigo. Muchos salieron corriendo y otros se quedaron ahí; otros reaccionaron: por ejemplo el sargento que hirió a Roger Deshón.

En dos minutos ocurrió que disparamos, nos tendimos, Pomares atravesó la calle (la orden era: "Todo el mundo para adentro, nadie para atrás", y nos asustó Pomares que atravesó la calle persiguiendo al sargento que había herido a Roger. Lo dejó bañado encima de un carro, sí, ¡ese era Pomares!) Entramos y se dominó la situación. Chema Castillo se encerró en el cuarto con los músicos; los trató de armar, pero ellos no quisieron; se le conminó a que saliera y como respuesta salió con una escopeta. Logró hacer un disparo, le pegó con esos tiritos palomeros a dos compañeros y un compañero que estaba apostado al otro extremo de la puerta cumplió con su deber. De allí en adelante fueron las negociaciones y salimos para La Habana en donde estuvimos varios meses. Yo volví a entrar al país a finales de 1975, con Carlos Fonseca.

JOSÉ VALDIVIA (1975): Se dio el golpe del 27, con el que se denuncia por primera vez toda la represión que había en la montaña, que no se conocía. Aunque incompleta, es una lista larga de los crímenes de la Guardia lo que se da a conocer; de crímenes contra la gente que andaba con Catalino Flores, colaboradores nuestros; asesinatos de gente inocente, de gente que incluso no estaba relacionada con nosotros, como es el caso de un grupo de campesinos a los que dejaron enterrados a flor de tierra por ahí por El Tuma. Todo eso fue denunciado en uno de los documentos del 27; se logra también que Somoza libere a todos nuestros presos.

De manera que esa acción fue para nosotros importantísima. Se levantó una ola de entusiasmo a favor del Frente Sandinista, en Nicaragua y en el exterior, pero la organización no tuvo la capacidad de canalizar ese entusiasmo, porque no se tenían las estructuras necesarias. O sea que la iniciativa nosotros la perdimos. Se dio un golpe y luego no se dio otro más; la Guardia mantuvo la ofensiva y nos fue quebrando las estructuras, sobre todo las que teníamos en la montaña. Prácticamente la montaña soportó toda la represión.

Más o menos a principios de 1975 la columna guerrillera está en Las Bayas. Es detectada, llega la Guardia, reprime y nos destruye una estructura de colaboradores que teníamos ahí. La guerrilla sale y baja por Yaosca y se va a acampar a un lugar que se llama El Zapote, por el río Dudú. Ahí nuevamente los detecta la Guardia; los compañeros se retiran, llega la Guardia y reprime a la población; matan a varios compañeros campesinos. Se retiran de ahí y se van a meter al Quiyaguá, que es un cerro de la montaña. Llega la Guardia otra vez y entonces los compañeros se meten más adentro, para el lado de Lizawé. Llega nuevamente la Guardia y hace lo mismo: los detectan, reprimen a la población. En todo eso lo que se va perdiendo es la estructura de sustentación. La guerrilla se encuentra en una situación completamente defensiva.

Aun así, a finales de 1975 se había hecho un trabajo de limpieza —de jueces de mesta, sobre todo; un buen trabajo: se ajusticiaron entre 50 o 60 jueces de mesta, pero casi no se combatía con la Guardia. La Guardia, según los datos que a mí me dio el ex teniente Robleto de la Guardia Nacional, movió como unos 600 hombres en patrullas de 15 a 18 cada una. La táctica de ellos era desplegar en la montaña una gran cantidad de patrullas. Cuando había un combate y detectaban a un grupo de guerrilleros lo que hacían era hacer converger las diferentes columnas que estaban cerca de la zona. Así que de alguna manera chocaban siempre con los guerrilleros, y la guerrilla no tenía capacidad ofensiva. Lo que hacía era escapar y escapar, y así fue como nos mataron a una gran cantidad de gente. El mismo Carlos Fonseca cayó en 1976 en esa forma.

HUGO TORRES (1975): Carlos era sencillo. Cuando lo conocí en La Habana, esperaba encontrarme con la imagen que uno tiene —romántica y peliculera en alguna medida, pues, ¡si era lo que nos habían enseñado! ¡el jefe que se ve que es jefe! Carlos no: llegó con unos sus zapatos puntudos, punta para arriba, gastado ya el tacón de un lado porque los torcía; un pantalón sencillo y una camisita celeste. Sencillo entró Carlos pues. Además estaba gordo, y nosotros habíamos conocido al Carlos de la foto de barbita, cuando estaba esposado, saliendo de la cárcel en Costa Rica. Flaco, alto, con suéter negro. La estampa del guerrillero estereotipado. En La Habana nos encontramos con un Carlos tranquilo, ¡feliz de la vida! Me acuerdo que como veníamos del golpe del 27 de diciembre él estaba feliz ¿verdad? Y me acuerdo que me dejó morado el hombro porque me lo agarraba y me lo golpeaba y me decía "Chocho ¡Qué vergazo!" ¡Y después yo no aguantaba el hombro!

En Honduras me volvió a hacer lo mismo, por la felicidad de que ya venía para el país después de tantos años de estar fuera. "¡Chóooocho!" me decía, y fuerte me pegaba mis vergazos. Y yo se los soportaba porque sabía que eran golpes de cariño. Esa vez que lo vi yo estaba en una casa clandestina, y tocaron a la puerta. No había nadie, pues, sólo la chavala que cocinaba ahí en esa casa. Yo me hacía pasar como familiar de una pareja joven de colaboradores que vivían allí, y me asomé por la ventana y vi a un vago en la puerta. Un vago peludo con pinta de jipi. ¿Quién será? dije. Abrí y hasta que me habló y me lo quedé viendo bien descubrí a Carlos disfrazado. Andaba sin anteojos, con lentes de contacto. Se había puesto una prótesis en la boca que lo hacía verse trompudo, se había alisado el pelo. ¡Carlos! Carlos entró y estuvimos platicando. Me acuerdo que llegó a almorzar una hermana de la colaboradora, que su familia era liberal. (En Honduras dentro de los partidos tradicionales el menos reaccionario es el liberal —han colaborado con nosotros algunos de ellos.) Y Carlos empezó a hablar del partido liberal, que cómo era posible que no se rescatara el nombre de Morazán, que no sé cuanto. Y empieza a aventarle penca al partido liberal y la muchacha se pone a reír. Después le digo: "Ella es liberal" "¿Ah, sí?" dice, "no, pero es que hay algunos liberales muy valiosos", que no sé qué...

Desde Honduras entré con Carlos. Recuerdo que tuvimos que cruzar el río Guasaule que todo el mundo tiene que cruzar. Carlos tenía serios problemas con la vista, ¡serios, serios! Casi no veía. En la montaña tenía que caminar agarrándose del hombro del compañero que iba adelante. Yo creo que no se consideró totalmente eso de la vista cuando se le pidió subir. Más que en el monte la vista es vital ¡vital!

Carlos era nica hasta la cacha de enfrente. En el

extranjero gozaba recordando los refrescos nicas, que son una maravilla. "¿Cómo te caería una horchata de aquellas que venden frente al cine Margot?" decía. ¡Los refrescos nicas son deliciosos! Pero también me acuerdo que Carlos era serio. Cuando estaba serio arrugaba el entrecejo y la boca se le ponía trompudita. Pero te escuchaba, y yo sentía confianza de plantearle cosas, hacerle críticas incluso, que tal vez con otra gente sentiría temor. Carlos te escuchaba.

Después del 27 de diciembre se dio el asalto a Waslala el 6 de enero con efectos muy positivos. Fue un grupo pequeño de hombres el que se introdujo al cuartel, pero finalmente la Guardia fue la que acabó matándose entre sí misma, porque no sabían de dónde venían los tiros. Después hicieron creer a los campesinos que sólo habían estado haciendo una celebración de los Reyes Magos.

En esos momentos ya comenzaba una buena incorporación del campesinado —a tal punto que la columna donde andaba Víctor Tirado si tenía seis hombres de la ciudad era mucho. Este campesinado empieza a presionar para que se responda a la represión que ya la Guardia está ejerciendo en forma más sistemática y brutal contra la zona montañosa. El campesino nos dice: "Nos están quemando los ranchos, nos están matando a nuestros hijos, a nuestras mujeres las están violando" —mujer que caía en manos de la Guardia era mujer violada. Entonces se hace la emboscada de Kuscawás, donde caen ocho esbirros, incluyendo a un subteniente soberbio, prepotente, que decía que con sólo verlo, los guerrilleros salían en desbandada. En la emboscada fallaron la mayor parte de las armas —por descuido, por una parte, y por excesiva humedad, por otra. Ahí había que vivir calentando los tiros al fuego para que la pólvora se mantuviera seca. Casi todas las carabinas fallaron; las escopetas fueron las mejores armas de ahí. En esa acción cayeron dos de los más destacados cuadros campesinos que ha tenido el Frente: Jacinto Hernández cayó con otro compañero, tratando de recuperarle un arma a un Guardia que todavía estaba vivo, y Filemón Rivera cayó dos días después.

A partir de ahí se comienza a perder la iniciativa, se comienza a rehuir el combate tratando de acumular más fuerzas, más provisiones y más pertrechos, y la Guardia se da cuenta de esa situación. Antes, la Guardia se mantenía reconcentrada. Nosotros éramos trece hombres, que por mucho que nos cuidáramos era un huellón el que íbamos dejando, y sin embargo, antes la Guardia sólo nos seguía hasta determinado punto y luego se regresaba. Ya después no; si encontraban la huella la seguían hasta el final. La Guardia empezó a capturar gente, a torturarla brutalmente, a hacerla confesar, a asesinar a grandes cantidades de campesinos. Por otro lado se produjeron deserciones y traiciones como la de Tito Chamorro, el hermano de Claudia, que fue toda una heroína. Tito bajó de la montaña y le dijo a la Guardia la forma en que operábamos, el armamento que andábamos, los seudónimos, cuántas escuadras teníamos; quemó una escuadra que la Guardia desconocía, en Lizawé, y suscitó una represión brutal contra toda esa comarca. Tito Chamorro es el ejemplo típico del traidor. Por ahí anda en el extrnajero.

Entonces, entre eso y otras capturas de campesinos, la Guardia fue conociéndonos más. Ya nos cae un 30 de abril en la entrada de la montaña y mata a Julián Roque. Y no estoy hablando de la entrada a Matagalpa ¡sino ya bien adentro! Ya en la entrada de lo que es la zona selvática adelante de Waslala, cerca del río Illas. Entonces la Guardia se comenzó a dar cuenta de que rehuíamos al combate, empezó a recoger botín de guerra —maletas con dinero, con comida, con radios— comenzó a salir de los cuarteles, fue tendiendo un cerco estratégico, quebrándonos primero las vías de abastecimiento, controlando la periferia, y la situación de los compas de la periferia se volvió sumamente difícil porque en esas zonas... tenían que pasar por caminos, por casas, por zonas de montaña ya pelada. En esa zona cayeron Édgar Munguía, Carlos Fonseca, y una gran cantidad de compañeros campesinos. Se perdió el contacto entre el mando de la ciudad y la montaña, y la Guardia nos cayó por primera vez en un campamento un 9 de diciembre de 1976. Nos parecía mentira. Allí estaba la Guardia a 15 metros y nosotros vergueándonos con ellos. Lo veíamos y no lo creíamos.

JOSÉ VALDIVIA (1975): Realmente las tareas y la situación de ese momento eran muy complejas desde todo punto de vista. La organización no tenía una estructura capaz de resolver esas situaciones que se presentaban. Por lo demás, era un problema la comunicación: muy pocas veces bajaba la gente de la montaña a la ciudad. Modesto bajó como tres veces. No había reuniones, o sea que nunca se dieron condiciones como para discutir la línea de la organización; todo era a través de correspondencia. Entonces, aunque teníamos diferencias, no las podíamos resolver.

La comunicación de la montaña con la ciudad era bien tardada; había una comunicación cada mes, cada dos meses, a veces más, así que fue difícil elaborar una línea política general o llegar a acuerdos con la ciudad para implementar de una manera cohesionada la ofensiva.

BAYARDO ARCE (1975): En esos días se nos desbarató el trabajo. Ya se había dado el golpe del 27 de diciembre y se sabía que el Frente estaba activo. Hicimos una escuela ambiciosa, como de veintipico de alumnos que iban para la montaña. Llegaron los jueces de mesta, ya alertados por la acción del 27, vieron movimientos raros, y nos denunciaron. Nos tiraron un cerco a la escuela; lo logramos romper, pero ahí nos mataron como a tres compañeros de la escuela y a cinco compañeros campesinos de la base de apoyo. Echaron presas como a 500 personas. Toda la gente de Ocotal para el norte cayó presa. Ahí se nos cayó todo el trabajo. Nos quedaba sólo Ocotal, y ahí reprimieron y capturaron a un montón de gente. Quedamos reducidos a una casa. La única base sana que nos quedaba era Condega, que estaba tierna.

Yo me lancé a tratar de crear una base para jalar a toda la gente para otro lado, porque el cerco estaba espantoso. No hubo más que echar para atrás, para el lado de Estelí y Condega. Me fui a Condega y casi me matan en un puente ahí. Y todo esto ocurre cuando ya casi teníamos hecha la ruta Augusto César Sandino.

A partir de entonces se desató la represión en todo el país. Y precisamente ahí se puso a prueba la madurez nuestra. Fue cuando surgieron las divisiones, las tendencias. Un montón de gente se asiló, y se agarraban de las diferentes tendencias que había para decir: "Yo no estoy de acuerdo con ninguna y por eso me voy." Pero en realidad se iban porque estaban aterrados con la represión encachimbada que había. Pero había que ubicar la represión dentro de los precios de la guerra. Había que saber que no podíamos tener un proceso tranquilo sino lleno de dificultades. Y no era que se dejara de sentir miedo, sino que sabíamos que podíamos seguir adelante. Además, que siempre en medio de las dificultades, uno se encontraba a gente que le echaba la mano —sobre todo en las zonas no reprimidas.

TOMÁS BORGE (1976): Y se produjo la división del Frente Sandinista en aquella época. Quiero decir que en gran parte nosotros fuimos culpables de la división, porque no supimos manejar correctamente la situación. Se presentaron dos problemas: primero, un planteamiento en el orden político de criterios que ameritaban ser discutidos, y a la vez, fallas de carácter disciplinario. No supimos ubicar ambas cosas, y únicamente vimos las fallas disciplinarias, y tomamos medidas coercitivas. Muchos de los planteamientos que hacían los compañeros de lo que posteriormente llegó a ser la Tendencia

Proletaria eran justos, pero nosotros, obnubilados por las cuestiones disciplinarias no pudimos ver la esencia del problema. Por eso pienso que los principales responsables de aquella división fuimos nosotros, los dirigentes del Frente Sandinista en aquel momento. Posteriormente, cuando se da la segunda división, y se constituye la Tendencia Tercerista o Insurreccional, yo... estaba en la cárcel. Tenía autoridad, para ser franco, pero no la supe usar. Porque ahora entiendo que si hubiéramos hecho uso de esa autoridad los dirigentes del Frente hubiéramos contribuido a que la unidad se produjera más rápidamente, pero también nos sectarizamos.

La división se produjo y se hicieron tres tiendas de campaña, y cuando íbamos a combatir se abrían tres trincheras. Nada más que todos gritaban "¡ PATRIA LIBRE O MORIR!" Eso fue una gran ventaja histórica; se enarboló la bandera rojinegra del Frente Sandinista de Liberación Nacional —la familia se había dividido en tres casas distintas pero teníamos el mismo padre y habíamos sido paridos por la misma madre. Además, las diferencias tuvieron fundamentalmente un carácter político y táctico, y no estratégico ni ideológico. Claro, ocurrió un fenómeno después; a los que habíamos sido viejos militantes del Frente Sandinista nos dolía mucho, mucho la división, pero en determinado instante la organización creció de una manera acelerada y se convirtió en una organización que arrastraba a las masas, ya no era una organización de cuadros. Muchos llegaron al Frente cuando ya existía la división, y no se sentían tan sandinistas como nos sentíamos nosotros, sino que se sentían Guerra Popular Prolongada, o Proletarios, o Insurreccionales. Yo realmente me empecé a asustar del sectarismo, cuando oí a un compañero —que es buena gente, dicho sea de paso— que era GPP, y el hijo quería ser sandinista e integrarse a una de las tres tendencias. Entonces le dijo el padre: "Mirá, o te hacés GPP o te hacés Proletario, porque si te hacés

Tercerista te pego un tiro". Ya el sectarismo estaba calando demasiado.

Sin embargo la división también tuvo sus ventajas; se amplió la base social del Frente y se amplió la posibilidad de las alianzas políticas, y nos aliamos en el campo internacional. Y todo eso fue correcto, porque movimiento revolucionario que se aísla, movimiento revolucionario que se ahoga: aislarse en la lucha política es como tirarse de cabeza en la Laguna de Tiscapa sin saber nadar. Nosotros lo decimos porque tal vez trascienda un poco hacia nuestros hermanos latinoamericanos: unidos éramos fuertes, éramos capaces de dirigir el movimiento revolucionario, de ponernos a la cabeza de las masas sin que nadie nos lo disputara, porque teníamos los fusiles de nuestro ejército. Un movimiento revolucionario débil no se puede dar el lujo de aliarse con otra fuerza porque se coloca a la retaguardia de la otra fuerza. Pero si el movimiento revolucionario es fuerte está en condiciones de ponerse a la cabeza del proceso político. Pero para que podamos ser fuertes tenemos que unirnos los revolucionarios; para no tener que hacerle concesiones al enemigo hay que saber hacérselas al amigo. En América Latina, desgraciadamente, todavía hay necesidad de hacer una gran lucha por la unidad.

CARLOS NÚÑEZ (1976): La crisis afectó terriblemente la situación de seguridad personal de los compañeros clandestinos, particularmente porque se dio en un momento en que la represión se estaba ensañando. Afectó una serie de recursos que anteriormente eran del FSLN en su totalidad y que ahora quedaban de uno u otro lado. Y además se abrieron escisiones que revelaron una serie de secretos de la organización: secretos que indudablemente no podían ser manejados por todos pero que por las mismas consecuencias de la crisis salieron a la luz. Incluso se conoció mucho más detalladamente a muchos compañeros que anteriormente ni siquiera eran conocidos como militantes sandinistas.

Creo yo que para todos los militantes sandinistas fue un impacto tremendo, porque todos nosotros habíamos sido educados en un estrecho amor, fidelidad, apego a la organización, y todos sentimos profundamente las consecuencias de la crisis. Todos nos vimos involucrados en ella: era una situación realmente agobiante porque se trataba de una organización que era el resultado del esfuerzo común de todos. Creo que lo que a mí me pasó le debe haber pasado a muchos compañeros: que no dormía pensando en la situación de la organización, o que si dormía, soñaba con ella, si me levantaba, me levantaba con ella...

BAYARDO ARCE (1975): Yo creo que una de las causas de la división del Frente fue que el Frente, hasta 1970 o 1971, no había tenido una continuidad orgánica. Es decir, había una como sumatoria, pero no una interrelación de los hechos. O sea que aquí el que marcaba las pautas del trabajo era el responsable que estaba en el país, aportando sus propias creatividades y sus propias ideas. Ya en el trabajo concreto, cada quien marcaba sus propias pautas. Por supuesto que esto también tenía su contraparte positiva en la enorme creatividad y capacidad de iniciativa que fueron desarrollando los cuadros. Propiamente no se trataba de una ruptura cada vez que entraba un responsable al país, sino que él incorporaba sus propios criterios. Yo, por ejemplo, me volví especialista en impartir seminarios políticos, y no recuerdo que alguien me haya dicho: "Éste es el programa de formación", sino que fui inventando qué era lo que teníamos que dar: explicar el Frente, explicar el imperialismo, cosas así pues; explicar la estrategia de la guerra como programa. Creo que como por 1972 hicimos un plan de estudios mínimo que incluía los estatutos, el programa y ciertos principios de estrategia.

Hay que ver también que un dato muy interesante

en la historia del Frente es que la primera reunión plenaria de una dirección nacional del FSLN tuvo lugar el 21 de julio de 1979, dos días después del triunfo. Aparte de eso, nunca una dirección nacional se había reunido en pleno. Se habían reunido varios miembros, tal vez una mayoría, pero no toda la dirección. Eso repercutía, por supuesto, porque en la medida en que se iban reintegrando los cuadros al país, y se iban desarrollando, se iba dando una discusión que nunca se podía reflejar en un plenario sobre una serie de líneas y de principios.

CARLOS NÚÑEZ (1976): Cuando está en su punto más crítico lo de las divisiones, me tocó a mí integrarme a la dirección nacional de lo que fue la Tenedencia Proletaria. Es una carga bien pesada subir a la dirección, porque siempre ha sido algo que se da a raíz de la muerte de un compañero. En el caso mío, por ejemplo, subí a raíz de la caída del compañero Carlos Roberto Huembes, que por casualidad cae aquí en Managua el 8 de noviembre, al mismo tiempo que cae Eduardo Contreras, y al día siguiente cae Carlos Fonseca en la montaña. Roberto Huembes tenía un mes de haber reingresado al país; se fue a meter en el mismo dispositivo militar que se había montado para agarrar a Eduardo Contreras. Primero me costó trabajo creerlo, porque de todos, era quien mejor manejaba las medidas de seguridad. Mi segunda reacción fue movilizar las medidas de seguridad, porque había que proteger a los compañeros y a la misma casa. En seguida vino un período, ya cuando nos confirmaron su muerte, de reforzar el convencimiento de seguir adelante. Es decir, hay que saber siempre que a los compañeros uno los guarda en el corazón y sigue adelante.

Roberto Huembes era uno de los compañeros que a mí me han infundido mayor respeto y mayores deseos de seguir sus pasos. El era suplente de la dirección antes de la crisis. Era ese tipo de compañeros con una extraordinaria movilidad, un organizador práctico, un compañero que resolvía los problemas, que manejaba la estructura, que era enérgico cuando había que serlo. De tal manera que para mí fue un impacto su muerte. Las cualidades desarrolladas por los distintos compañeros son particularidades propias que ellos legan a la Revolución. Pero se trata de aprender de ellos, de emular su *ejemplo*, y no sus actos; asimilar uno sus enseñanzas y buscar en el propio campo y con las propias cualidades cómo llegar a ser mejor diariamente. Porque si uno trata de sustituir al compañero caído se va a encontrar con una figura gigantesca, ¿verdad?, una figura que nos oprime.

El mayor error que puede cometer alguien es no querer convencerse de la caída de un compañero, porque entonces produce un dolor sistemático, permanente... produce angustia y desmoralización. De ninguna manera se puede romantizar la caída de un compañero, que por lo demás es un hecho suficientemente objetivo, porque eso trae resultados descomponedores del revolucionario. Uno siente la muerte de los compañeros, y eso mismo hace que uno se convenza de que en la medida en que el triunfo se acerca van a ser rescatados, pero que para conseguir ese triunfo, y ahora por ellos, hay que luchar. Pero no hay que oponerse a una realidad evidente porque entonces hay problemas.

DORA MARÍA TÉLLEZ (1977): Cuando me tocó subir a la montaña para formar parte de la escuadra que iba a participar en la ofensiva de octubre, me di cuenta de que tenía un problema. En primer lugar, era mujer. En segundo lugar, era flaca, flaca, sin cuerpo, porque el cuerpo me lo sacó la montaña. Y en tercer lugar era blanquita, lo que quería decir que era de la ciudad, que era inútil para la vida de la montaña. Ya ahí tenía tres cosas totalmente en mi contra a la hora de querer tratar con los compañeros campesinos.

Me tocó de baquiano Juancito. Juancito era un hombre que caminaba a un solo paso; no caminaba rápido, sino a un solo paso. Uno comenzaba caminando tranquila detrás de Juancito, porque Juancito llevaba un paso despación, pero después de caminar tres días al lado de Juancito ¡ese paso ya te tenía loca! Había gente que caminaba rápido pero que a los tres días ya caminaba despacio. Juancito no; el mismo paso; tres días, cuatro días, el mismo paso.

Entonces voy detrás de Juancito. Él me ve blanquita, flaquita, de la ciudad, pero yo al principio voy bien, pues. Pero al cabo de cinco horas ya no aguanto más. A esas alturas Juancito, perspicaz, me dice: "¿Le ayudo, compañera?" "No, si no voy cansada," le digo. "Aguanto." Pensaba: ¡si no, no me van a respetar nunca! Seguíamos caminando, y Juancito, bandido, me decía: "¿No quiere que descansemos un momentito, compa?" "Sigamos, Juancito." Llegó un momento en que no podía caminar más y me fui a brazos: me agarraba a las ramas con los dos brazos, me jalaba, y me empujaba un poco con las piernas. Entonces Juancito me decía: "Le ayudo." "No," decía yo, "yo aguanto todavía, yo le voy a avisar cuándo." Nunca jamás ningún compañero campesino se burló de mí después de eso. Claro que ya con el tiempo yo era buena caminadora y cargadora. Pero ¿qué es lo que te hace hacer eso? La moral; la moral y un cierto grado de conciencia de que uno no puede sobrecargar la carga de otro, vos no podés dejar ir tu carga en la espalda de otro, porque el otro va cargado también. Yo sabía que si yo me había metido a ese barco, tenía que aguantar ese barco. Eso te forja una voluntad que permite aguantar después más cosas. Claro que ya cuando era jefe de escuadra, eso permitió que hubiera respeto. Nunca tuve mayor problema a nivel de jefatura o con combatientes hombres.

Y yo decía: Si hay mujeres que aguantaron, ¿por qué no voy a poder aguantar yo? Si ha habido otras compañeras que pudieron, ¿por qué yo no? Entonces para grabarme eso usaba los seudónimos de compañeras caídas. ¿De qué tipo? Compañeras de la misma extracción de clase mía, que me recordara constantemente que a pesar de su extracción de clase, de sus debilidades físicas y todo lo que vos querrás, habían soportado una situación y habían dado incluso su vida, y que entonces yo no podía hacer otra cosa. Por ejemplo, usé el seudónimo "Arlen" en la escuela de entrenamiento. Arlen Siú murió en una escuela de entrenamiento. Usé el seudónimo de "Claudia" en la montaña. Claudia Chamorro murió en la montaña. El seudónimo implica un compromiso que uno adquiere con un muerto, que es como agarrar la antorcha que él dejó. También es una manera de tirarle un fantasma en la cara al enemigo.

En la montaña le salen a uno fallas y defectos que uno cree que nunca ha tenido. La primera prueba dura es el primer mes en la montaña; y luego hay otra, que es cuando aprieta el hambre. Entonces empiezan a salir esas fallas. Es cuando ya es un problema grave que una persona se coma media cucharada más de azúcar que otra; cuando se constituye en un problema gravísimo que un compañero se sirva un cuarto de cucharada de arroz más que otro en su vaso; cuando se considera un delito de trascendencia enorme el hecho de que alguien se beba dos tragos más del agua de una cantimplora que tiene que servir para una escuadra; o cuando alguien se come la orilla de una tortilla, cualquier cosa...

Eso se convierte en un problema serio, que tiene graves consecuencias y graves sanciones también, porque ahí es donde salen esas pequeñas debilidades que uno tiene: o pensás en el colectivo o te comés la media cucharada de azúcar. Ahí, la montaña, te obliga a componer esas pequeñas fallas, o te vas. Y como uno no tiene vuelta de hoja, como uno ya sabe que no es nada afuera, que nada ya puede dar satisfacción, se compone. Ese es el sentimiento de vergüenza revolucionaria, el sentimiento de que uno no puede fallar, porque ya si falla sería lo último, no hallaría qué hacer después. Ese sentimiento lo va obligando, lo va empujando a uno.

El proceso de adaptación a la montaña es complejo: hasta el contacto con la montaña afecta. En la montaña no son verdes las cosas; son verde-verde. Simplemente no ves nunca otra cosa que verde-verde. Cada dos, cada tres metros, sólo verde. Y uno cuando está en la ciudad dice: qué lindo, que verdecito, qué daría yo por estar en el campo; ¡y cuando estás en la montaña querés ver amarillo, rojo, blanco, azul! Porque no ves el cielo tampoco, ya que el verde está tan cerrado. Entonces ese verde-verde te agota, y te agota la dureza también.

Yo definí una situación a la nica: yo digo que la moral hace huevos pero que los huevos no hacen moral. Eso yo lo viví. Nosotros en la montaña teníamos gente que era extraordinariamente valiente, ¡pero valiente! Se le paraba enfrente al enemigo. Pero cuando las condiciones apretaron y lo que se requería no era sólo valentía en el combate, sino la valentía de aguantar hambre, y presión y aguantar cercos, aguantar las perspectivas de no salir de ahí, de no descansar nunca y sentirse físicamente mal, entonces esa gente flaqueó y se fue. Y quedamos los que a la mejor nunca fuimos valientes, pero que no teníamos más remedio que ser valientes porque estábamos embarcados en una lucha que era armada y en la que había que vencer al enemigo. El criterio nuestro era: está bien, nosotros nos vamos a morir de miedo, pero nos vamos a morir de miedo atrás de este palo combatiendo, que el miedo nos ponga fijos acá, que no nos deje movernos, porque así, en definitiva, nos pueden matar, pero por lo menos no nos fuimos.

6. HACIA LA OFENSIVA (1977)

HUMBERTO ORTEGA: En octubre de 1977 el imperialismo yanqui tuvo la oportunidad de hacer una maniobra fuerte, y estuvo prácticamente a punto de hacerla. Después de la acción de la casa de Chema Castillo en 1974, se da toda aquella represión en las ciudades y en las montañas, el estado de sitio, la ley marcial... El sandinismo estaba siendo golpeado militarmente. Los mejores cuadros sandinistas habían caído en los años 1975 y 1976; Édgar Munguía, Filemón Rivera, Carlos Agüero, Carlos Fonseca, Roberto Huembes habían caído y de hecho nosotros estábamos militarmente a la defensiva. Entonces el imperialismo dijo: "Bueno, al sandinismo lo estamos derrotando militarmente ellos están divididos; ahora les metemos aquí un rejuego político y terminamos de aplastarlos políticamente. Le damos algún escape económico y social al pueblo, les metemos unos centenares de millones de dólares y hacemos una reforma burguesa para mediatizar a las masas." Pensaban hacer un rejuego con la burguesía, quitar al dictador, y dejar lo que llamamos un "somocismo sin Somoza".

En aquel momento nosotros dijimos: "Aquí hay que reventar esta maniobra; pero ¿cómo la vamos a reventar? Políticamente no tenemos radio, no tenemos televisión, no tenemos imprenta para tirar un millón de hojas sueltas y explicarle al pueblo. Y además, aunque tiremos un millón de hojas, el pueblo no sabe leer ni escribir. Entonces hay que llevar las consignas de la Revolución. ¿Y cómo las llevamos? Con las armas, que es la única forma de que el pueblo se entere de que estamos vivos." Entonces decidimos montar una ofensiva, ya con una plataforma política y militar, lanzándonos solos al espacio político, con el riesgo de que aniquilaran a los pocos que quedaban de nuestra vanguardia. Pero si no lo hacíamos, nos quedaba sólo una opción: ser derrotados. Si nos tirábamos a la ofensiva teníamos dos opciones: ser derrotados o triunfar. Optamos por tirarnos a la ofensiva en condiciones difíciles, pero analizando las cosas a fondo; era peor quedarse con los brazos cruzados, porque entonces no se hubiera precipitado la crisis política del sistema, posterior a las acciones de octubre.

Octubre le quebró totalmente el esquema al enemigo, porque cuando ellos consideraban que el sandinismo estaba muerto ya estábamos atacando Masaya, atacando San Carlos, atacando Cárdenas y Ocotal ¡y atacando ofensivamente! manteniendo incluso el principio rector militar de conservar nuestras fuerzas.

SERGIO RAMÍREZ: Cuando el sector que popularmente se conoce como Tercerista del Frente Sandinista concibió la estrategia insurreccional, surgió la necesidad de vigorizar una alianza con los sectores democráticos de la burguesía nacional por medio de un grupo que apareciera dando un respaldo político al Frente Sandinista y que eventualmente pudiera figurar dentro de un gobierno apoyado por el Frente Sandinista como consecuencia del triunfo armado. Se comenzó a madurar esta estrategia en medio de lo que fue la crisis de las Tendencias a comienzos de 1977.

A principios de 1977 hablé de estos asuntos con Humberto y Daniel Ortega, y como militante del Frente se me encomendó la organización y el reclutamiento del grupo. A mediados de junio de 1977, entonces, sostuvimos una reunión con Humberto Ortega: Joaquín Cuadra Chamorro, abogado próspero del Banco de América y de la Nicaragua Sugar State, un hombre insospechable para la burguesía, Emilio Baltodano, gerente de Café Soluble, S.A., una de las industrias más importantes del país, Felipe Mántica, gerente de una cadena de supermercados, miembro de la directiva del Banco de América y ligado a las altas organizaciones de la empresa privada, el padre Fernando Cardenal, profesor de la Universidad Centroamericana, y el doctor Ernesto Castillo, que vivía exiliado en Costa Rica desde que Somoza lo condenó a un año de cárcel por vender *Imperialismo y dictadura*,[4] de Jaime Wheelock, en su librería —posteriormente se habrían de sumar Ricardo Coronel, el padre Miguel d'Escotto, que era en ese entonces secretario de Comunicaciones del Consejo Mundial de Iglesias, en Nueva York y Carlos Tunnerman, ex rector de la Universidad Nacional Autónoma de Nicaragua (UNAN). Esa fue una reunión muy fructífera, y de parte de estas personas que más tarde iban a formar el Grupo de los Doce hubo una enorme receptividad al planteamiento de la dirección del Frente Sandinista, a los planteamientos de la tesis insurreccional y de la alianza con sectores democráticos de la burguesía.

La tesis que planteó Humberto es que había llegado el momento de realizar un alzamiento de la población vanguardizada militarmente por el FSLN. Se iba a atacar el cuartel de Rivas, el de San Carlos, el de Ocotal, el de Masaya y posiblemente el de Estelí, si se lograba conquistar Ocotal; todo en un solo día. Y dentro de esa misma operación, el mismo día se podía anunciar la instalación de un gobierno provisional en territorio nicaragüense, encabezado por el Grupo de los Doce. Dicho así, dos años después, puede parecer como una locura, pero a mí siempre me gusta decir que en esos términos el ataque al cuartel Moncada también podría parecer una locura y un fracaso. El Moncada costó más de ochenta muertos, y la ofensiva de octubre costó ocho en total y tuvo el mismo efecto político; es decir, octubre abrió verdaderamente el camino hacia la victoria.

Como decía, en esa reunión, igual que en las subsiguientes que tuvimos en México, hubo una gran com-

---

[4] Jaime R. Wheelock, *Imperialismo y dictadura: crisis de una formación social*, México, Siglo XXI, 1975.

prensión, una gran armonía, un entusiasmo que yo no sé de dónde se sacaba, porque se estaba hablando de acciones armadas sin tener un centavo. En las siguientes reuniones en México estuvo presente también José Benito Escobar. Se nos unieron Casimiro Sotelo, que llegó de California, don Arturo Cruz, que estaba en Washington con el BID, Carlos Tunnerman y Carlos Gutiérrez, que vivía en México. En esos mismos meses logramos reunir algunos fondos, aunque no llegaron a más de cien mil dólares, para un ataque a siete cuarteles en todo el país.

Por ahí del 10 de octubre, el grupo sostuvo una reunión plenaria en Costa Rica donde se revisó el programa de gobierno y todo el plan. El padre d'Escotto volvió a Washington con la misión de establecer un centro de información y conseguir apoyo para las acciones militares, y el resto nos quedamos en Costa Rica ya listos para salir a la frontera. Claro, las cosas nunca suceden como están planeadas; sobre todo con elementos de guerra tan pobres, y un nivel de organización tan bajo. Lo que había era coraje, decisión, heroísmo en muchos compañeros.

Lo importante de decir es que cuando el grupo que estaba reunido en San José fue informado de que los planes no iban a resultar como estaba previsto, de que el único operativo seguro era el de San Carlos, y de que, por lo tanto, la dirección nacional había decidido relevar de su responsabilidad al grupo, cuando yo eso se lo comuniqué en nombre de Humberto Ortega, el grupo decidió seguir adelante y trasladarse al lugar que estaba previsto: la hacienda "América", que está en la frontera entre Costa Rica y Nicaragua, con territorio de los dos lados, cerca de Sapoá, en la margen del gran lago. Rentamos un vehículo a una de las agencias en San José, el vehículo se descompuso... y nunca pudimos llegar a la frontera; es decir, la logística era muy mala en todos sentidos.

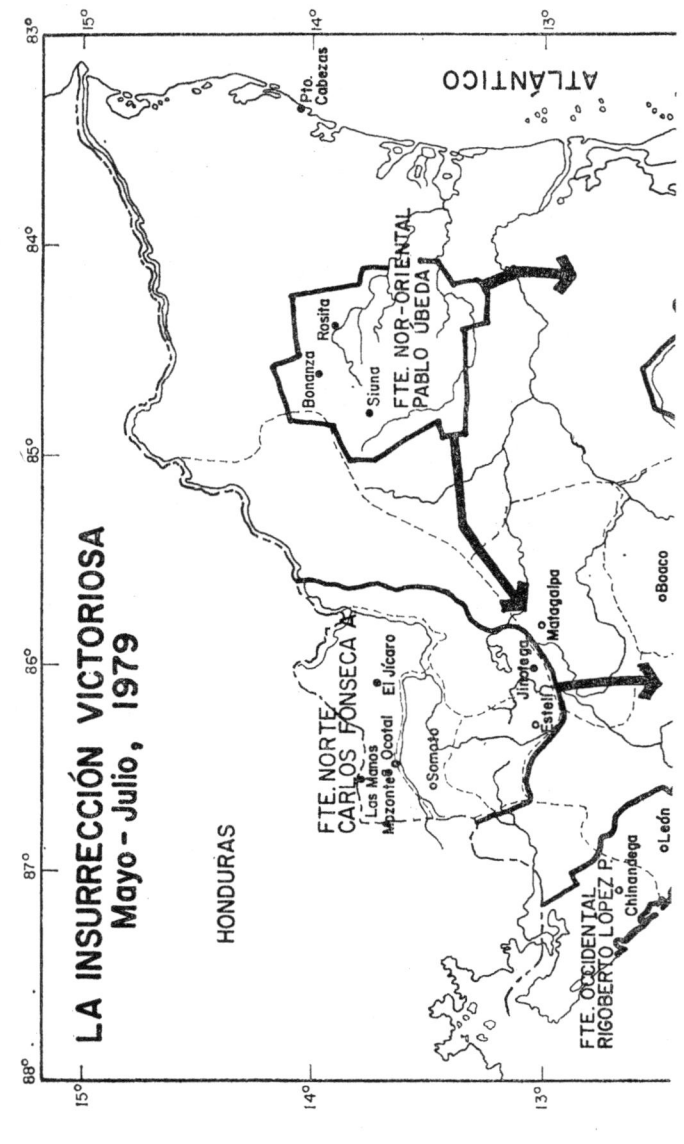

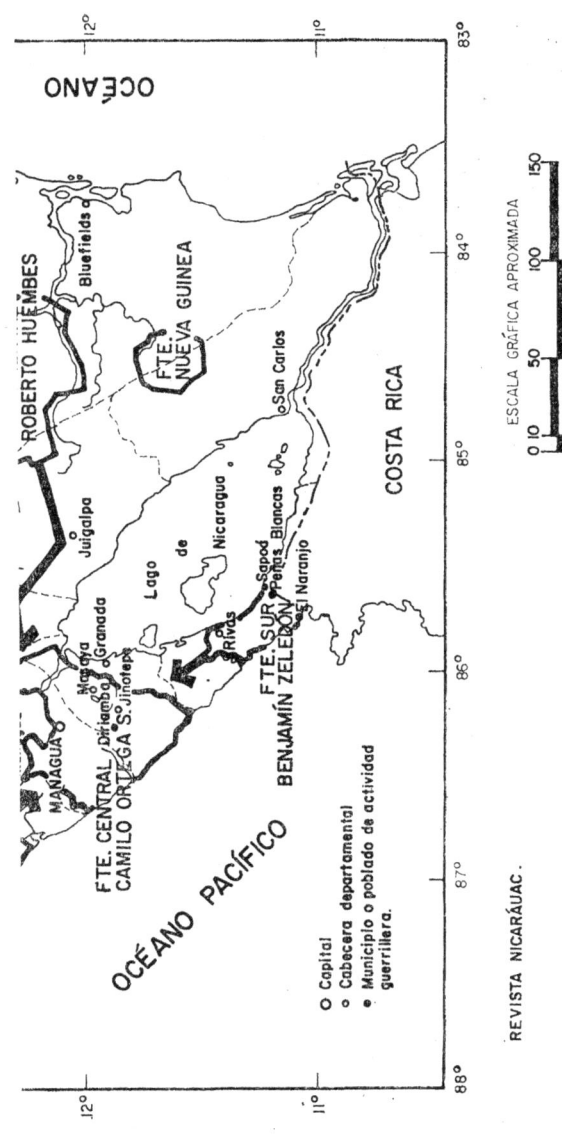

REVISTA NICARÁUAC.

CENTRO DE INVESTIGACIONES GEOGRÁFICAS
MINISTERIO DE CULTURA — U.N.A.N

JOSÉ VALDIVIA: Nosotros llegamos a Las Brisas para preparar el ataque al cuartel de San Carlos unos cuatro o cinco días antes. Allí estaban ya la mayor parte de las armas. Había unas diez armas de guerra, y lo demás eran escopetas, fusiles de cacería, y un fusil ametralladora Browning. Gracias al trabajo de los hermanos Coronel, de Antenor Ferrey, de Ernesto Cardenal, se había logrado reunir más o menos a treinta combatientes para la acción, de los cuales catorce sabían manejar las armas bien. Les habíamos dado un cursito en Costa Rica. La mayoría eran compañeros de la comunidad de Solentiname, gente de por ahí, por el río San Juan. En Las Brisas nos concentramos todos en la finca Santa Fe una noche antes, y al día siguiente atacamos. La responsabilidad militar del ataque recayó en mí, aunque el plan había sido elaborado por los compas. Yo confiaba en que el ataque podría resultar porque realmente el comando tenía una defensa muy mala, el plan estaba bastante bien hecho, y sobre todo la sorpresa que nosotros podíamos dar era tremenda. Aun así, hay que decir que yo no combatía desde 1975, no conocía el lugar, y los que lo conocían, que eran los compas de ahí, nunca habían combatido, casi nunca habían participado en nada.

Nosotros originalmente íbamos a tomar San Carlos, pasar a Cárdenas que ya iba a estar tomado, y luego atacar Rivas. Nos íbamos a ir en un yate desde San Carlos, y la idea era que en el comando los agarráramos durmiendo a todos.

El departamento del río San Juan es un departamento de la costa atlántica de Nicaragua donde llueve nueve meses al año. Hay zonas bajas donde se pasan todo el invierno inundados. Hay ríos grandes. San Carlos viene quedando propiamente en una punta parecida a una península chata entre el río San Juan y el Gran Lago. Ahí estaba ubicado el comando, en un pueblecito que ni siquiera es pueblo, es bien miserable ahí, un pueblo pobre de cinco mil habitantes pues. Ese comando de la Guardia ejercía funciones de vigilancia, de seguridad, de guardafronteras, de aduana. Se mantiene hasta la fecha una buena relación con Costa Rica para tránsito de comerciantes, de turistas y todas esas cosas. Había algunas compañías madereras sacando madera por el río. El jefe del comando de la Guardia de San Carlos era el dueño de una maderera. Allí estaba enclavado todo un emporio de la familia Pellas, de ganadería, cacao y palma africana. Se puede decir que es un departamento con grandes posibilidades de desarrollo.

El comando de la Guardia ahí estaba en el propio centro del pueblo, en una loma; era también la casa del comandate. Cerca del comando estaba La Fortaleza, o sea, el cuartel. Nosotros dividimos la columna en tres grupos: dos que iban a atacar La Fortaleza, y otro que iba a atacar por el lado del muelle, avanzando hacia el comando.

Se le habían dado orientaciones a Luis Coronel, que era el representante del ron Flor de Caña allí en río San Juan, de que les hiciera una fiesta a la Guardia y que les regalara guaro. Pensamos en un momento agarrar a todo el mundo en la fiesta; era factible haberlo hecho. Pero nos encontramos con dos limitaciones: el ataque había que hacerlo coordinadamente a las cuatro y cuarto de la mañana, no antes. El segundo problema es que nos llaman y nos dicen que el resto del país todavía no sabe de la ofensiva —sólo el Frente Norte sabe. Hubo problemas con el mensajero: se atemorizó, se perdió, no dio con la casa. No hubo manera de comunicarse con Camilo Ortega en Masaya, ni con Rivas, ni con Managua.

Atacamos a las cuatro y minutos —cuatro y diecisiete minutos, dicen por allí algunos folletos de la Guardia. Unos Guardias se topan con la escuadra que metemos por el muelle —eran tres hombres nada más—, y matan al segundo al mando de San Carlos, el coronel Delgadillo. Matan también al jefe político del pueblo. A las seis, o un poco antes, cuando estamos tratando de entrar al comando, hieren mortalmente al Chato

Medrano y yo salgo herido también. Ahí di la orden de retiro. Ya era de día, y la aviación somocista la teníamos encima del pueblo. Yo me fui con los hermanos Ferrey; le quitamos todavía un fusil a un Guardia herido o muerto, y nos retiramos en un yate del Banco Nacional hasta las Brisas. Pero los otros muchachos siguieron combatiendo; lograron entrar hasta el comando y buscaron cómo pegarle fuego, pero no lo hicieron porque adentro había Guardias heridos lamentándose. Después la Guardia habló de seis muertos y seis heridos por parte de ellos. Nosotros sólo tuvimos una baja en combate, pero en la retirada de los muchachos uno de ellos se suicidó porque creyó que la Guardia lo tenía cercado. A Donald Silva y Elvis Chavarría los agarró la Guardia huyendo y los mató en prisión.

La evaluación mía del operativo fue muy positiva: internacionalmente fue una gran noticia; tuvo una gran repercusión, una gran resonancia. El ministro de Seguridad Pública de Costa Rica fue a inspeccionar la frontera con unos periodistas ticos, y cuando estaban ahí, la aviación somocista los bombardeó. Eso creó un sentimiento más favorable hacia nosotros en Costa Rica. Por lo demás, el ataque a la Guardia fue contundente. Era la primera vez que nosotros le hacíamos una cantidad tan grande de bajas a la Guardia, y la primera vez en toda la historia del Frente que caía en combate un Guardia con rango de coronel. A partir de ese momento a nosotros se nos empiezan a abrir las puertas. El Grupo de los Doce saca un comunicado más fuerte, de más acercamiento con nosotros, y empiezan las vinculaciones a nivel internacional después de la ofensiva de octubre, porque se pone a nivel mundial la noticia de la guerra, de la ofensiva que había aquí en Nicaragua.

DORA MARÍA TÉLLEZ: Me tocó combatir en la montaña directamente contra lo que se llamaban los "Pintos" entonces, que era la tropa antiguerrillera del ejército somocista. Cuando combatimos con ellos, ya llevaban tres años de estar haciendo represión indiscriminada, y eran triunfalistas, confiados, agresivos, porque sabían que no había mayor resistencia, que no había entonces posibilidades de mayor resistencia. Después de como el tercer combate con nosotros, se convencieron de que no era la misma cosa, porque ya combatíamos y siempre les dejamos muertos.

Yo siempre he dicho, y Víctor Tirado sostiene lo mismo, que el Frente Norte "Carlos Fonseca", ese primer embrioncito del Frente Norte, nuestra columna de 32 gentes, fue una de las más grandes escuelas que tuvo la guerra. ¡Hay que ver la gente que estaba ahí! Víctor Tirado, Daniel Ortega, Pomares, Oscar Benavides, Joaquín Cuadra, Elías Noguera, Francisco Rivera, Facundo Picado, Carlos Jarquín... buena gente. Esa columna se constituyó para el ataque a Ocotal, como parte de las acciones coordinadas de octubre de 1977. Éramos más, pero como el ataque a Ocotal no se pudo hacer, hubo gente que se fue en los tres primeros días. Pero lo que imperaba en el grupo era algo que yo llamo moral de ofensiva; es una moral especial que no se da todos los días ni en todos los combates. Es una moral de ofensiva que se da en las ofensivas, donde la gente tiene la plena certeza del triunfo y no le importa nada; andás feliz, lindo, y así andábamos nosotros. No teníamos muchas armas —cuatro FAL, dos carabinas, dos UZI y tres Garand pero ni llevamos comida al ataque, porque decidimos que íbamos a comer en Ocotal; es más, ¡íbamos a comer nacatamales!

Pero el ataque no se pudo efectuar. La columna nuestra venía haciendo un acercamiento a la carretera a Ocotal, y se adelantó una escuadra dirigida por Germán Pomares a tomar una casa que queda a la orilla de la carretera. Yo iba ahí. Nos tomamos la casa, y parte de la escuadra fue a tomarse la carretera, a poner unos obstáculos y a empezar a detener los vehículos en que nos íbamos a trasladar a Ocotal. Pero parece que pusimos mal los obstáculos. Pasó un carro pequeño, se nos zafó, y fue a avisar al comando. Cuando nos dimos cuenta pensamos: "Bueno, ¿ y ahora qué hacemos?" No podíamos defraudar a los demás compañeros que iban a atacar en el resto del país, así que decidimos aunque fuera emboscar a la Guardia y dar el ataque ahí mismo. Fueron varios los combates y las emboscadas de ese día, y al siguiente la Guardia estaba enterrando en Ocotal a dieciocho de sus muertos. Ahí comenzaron a caer los tenientes; el teniente Guillén iba entre los muertos.

Por la tarde comenzó el bombardeo aéreo de la zona. Ahí nos dimos cuenta que no había cuajado la ofensiva en todo el país, porque si hubiera cuajado, el bombardeo no estaría ahí, sino sobre los lugares donde estaban las acciones supuestamente más calientes y no con nosotros, que nos habíamos quedado a nivel casi de guerrilla. Estuvimos aguantando el bombardeo, y las otras dos compañeras de la columna bravas conmigo porque en medio de eso yo me puse a contar chistes familiares. ¿Y qué íbamos a hacer? Si te ponés a pensar que una bomba te puede caer, ahí en el cerrito pelón ese, te podés morir de un infarto cardiaco, pero si ya comenzás a hacer chistes familiares, te relaja un poco la situación.

Pasamos toda la tarde así. Cuando se fueron los aviones todavía no teníamos noticias del resto del país, pero tampoco podíamos fallarle otra vez a los compañeros, dejando que se descargara toda la represión allá. Así que decidimos la toma de Mozonte, que también dirigió el comandante Germán Pomares.

¡La toma de Mozonte es histórica! El pueblo de Mozonte tiene como 150... 200 casas; ¡es mínimo, mínimo! Además queda allaaá en Nueva Segovia... La primera vez que oí hablar de Mozonte, lo confieso con absoluta franqueza, fue en ese momento. Y no es que yo sea una desconocedora de la geografía de mi país, pero es que Mozonte es Mozonte, ¡y queda en Mozonte! Es histórica la toma de Mozonte porque ahí se rompió un mito que la propaganda enemiga había desarrollado durante muchos años; la gente de la ciudad nunca había visto un guerrillero con armas, salvo a los que asaltaban los bancos y los mataban. Y agarramos a unos pobres Guarditas ahí, los destrozamos, matamos a unos jueces de mesta que se atravesaron también, recuperamos armas, tomamos el comando limpio —gran triunfo en Mozonte, pero la gente encerrada en sus casas. No quería vernos porque éramos en primer lugar comunistas, en segundo lugar cubanos, en tercer lugar Fidel Castro nos había mandado, en cuarto lugar nos comíamos a los niños... toda la propaganda del enemigo alrededor de los sandinistas. Por eso es histórica esa toma, porque es la primera vez que la gente se pudo percatar de que no había tales cubanos, ni tales extranjeros; de que éramos nicaragüenses comunes y corrientes. ¡Y justo fuimos a caer en el pueblo más atrasado del país! Si hubiésemos caído en otro más adelantado la cosa hubiera prosperado, pero ahí para poder comprar un pan fue un asunto serio. Pero Mozonte ya queda a ocho minutos de Ocotal, o sea, que ya estábamos enfrentándonos al enemigo en su casa —y tranquilos, porque no habíamos tenido un muerto todavía.

CARLOS NÚÑEZ: Cuando formamos la Juventud Revolucionaria Nicaragüense ¿qué es lo que nos planteamos? Estábamos claros de que era necesario un destacamento juvenil que pudiera llevar una sola y única orientación a todos los jóvenes nicaragüenses. Ya existían organizaciones que de una u otra forma venían aglutinando a los jóvenes a nivel nacional, que tenían una influencia clara, antecedentes, una trayectoria. Estaba el FER en la universidad, el Movimiento Cristiano Revolucionario en los barrios, el Movimiento Estudiantil de Secundaria y los movimientos juveniles como organizaciones de masas de los jóvenes, pero se trataba de darles a todas ellas una dirección única. Antes, cada una llevaba un proceso selectivo que permitía ir calibrando a los distintos compañeros aspirantes al FSLN. Formando la Juventud Revolucionaria Nicaragüense por lo menos ya sabíamos que cuando quisiéramos el concurso de destacamentos juveniles para la vanguardia ya entrarían con una educación, una metodología y una práctica revolucionaria, y podrían incorporarse por lo menos en calidad de premilitantes.

Reunimos al conjunto de cuadros que habían estado trabajando a nivel juvenil y les expusimos la idea. En la discusión salieron dos consideraciones: si surge la JRN, desaparece el Movimiento Cristiano Revolucionario y desaparece el FER. Si desaparec el FER ¿qué pasa? Es una organización que tiene toda una historia, una trayectoria consecuente durante los años más difíciles de la lucha. Ha sido bastión de lucha del FSLN, ha recogido su experiencia, el FSLN se ha proyectado a través de esta organización. Desbaratarlo posiblemente sería un error político. ¿Y en cuanto al Movimiento Cristiano Revolucionario?

Tenía su aporte porque había venido desarrollando trabajo de barrios; había organizado cuadros con mayor preparación política, pero concluimos que el FER había que mantenerlo, y el movimiento cristiano había que buscar cómo hacerlo desaparecer. Había que buscar cómo ampliar los movimientos juveniles para incorporar por lo menos a todo aquél que quisiera repartir un volante. Pero la base juvenil había que hacerla en su conjunto más ágil, crear una estructura amplísima en la que pudieran organizarse todos. Entonces el segundo paso fue aclarar todo eso.

El tercer paso fue ir viendo todos los mecanismos concretos que tendríamos que ir desarrollando para crear esta organización. Hicimos una selección de los mejores cuadros y militantes pero claro, primero quisimos hacer un experimento para ver cómo resultaba: aplicamos la concepción de la JRN en un sector de la Carretera Norte de Managua, donde hay una serie de barrios y colegios. Ahí hicimos una selección, una depuración, y probamos a los compañeros en el trabajo. Luego de ese pequeño experimento, procedimos a una selección general para que los compañeros pudieran comprender los pasos que estábamos dando, para que entendieran y orientaran de una manera más combativa a las organizaciones de masas que ahora se iban a ver alimentadas por todos estos elementos.

En la cuarta etapa preparamos las condiciones para el surgimiento de la Juventud de dos formas: a través de luchas concretas y de una política de propaganda y agitación. Por otra parte se hicieron esfuerzos para tener una mínima documentación que sirviera de marco de referencia política y orgánica para regir esa organización. En determinado momento nos detuvimos a decir: ésta es la situación del trabajo, esto es lo que tenemos, ¿cuáles son los avances logrados? Estructuremos mejor esto. Así pasó a estructurarse ya oficialmente el organismo nacional de la juventud. Se crearon los comités departamentales, los de base; se definieron mejor los vínculos directos que iban a tener con las organizaciones de masas. De tal manera que el MES, los movimientos juveniles, el FER-marxista-leninista fueron sectores que quedaron colocados bajo una sola dirección, la de la Juventud Revolucionaria Nicaragüense.

Cuando nos propusimos realizar este trabajo pensamos en etapas que permitieran irlo llevando ordenadamente para no dar saltos bruscos que desembocaran en una situación de expectativa e impacto donde nadie acertara a reaccionar, así que el proceso se llevó alrededor de un año y culminó en 1977. A la cabeza quedó el compañero Marcos Somarriba, y yo de responsable ante el FSLN.

OMAR CABEZAS: Fueron tres veces las que consolidamos una base en el campo y en la montaña; que empezamos a extender el trabajo ya para afuera, a ampliarlo, y que la Guardia nos quebró todo el trabajo y toda la red de apoyo y tuvimos que empezar de nuevo a partir de cero. La última vez fue cuando dividimos nuestra columnita; se fue el profesor César Augusto Salinas con una parte y me quedé yo con la otra. Yo sabía que no estaba lista la columna; históricamente, nunca estuve de acuerdo con esa decisión. Mataron a César Augusto Salinas, cantó un campesino y nos quebraron ahí todita la red que habíamos armado. ¡Con la represión agarraron a todita la gente! ¡A todita, todita! Los dos últimos campesinos que quedaban conmigo desertaron y me quedé yo solito de nuevo.

Entonces se me mete entre huevo y huevo que no me bajo de la montaña —y no me bajé. Porque no iba yo a llegar a decir: "¡Vé, no pude!" Entonces agarré a un colaborador de la zona aledaña que no fue reprimida y quemé la casa de seguridad de Bayardo Arce. Le dije al colaborador: "Se me va con esta comunicación a tal casa, pregunta por tal hombre, me le entrega esto y espera respuesta." En esa nota le planteé a Bayardo que nos devastaron totalmente, que aniquilaron a César Augusto Salinas, y que me quedé solito. Entonces Bayardo me mandó a un compañero campesino y empezamos a trabajar los dos. ¡No teníamos ni verga! No se podía saber dónde estaban los buzones que habíamos hecho. ¡Todo el trabajo lo teníamos perdido! Pero dimos con los buzones montándonos sobre las huellas, sobre las picadas viejas, y luego nos mandaron a un tercer compañero y bajé hasta Estelí a recibirlo yo.

En la subida agarramos por Piedra Larga, allá por Estelí. En el trayecto, quiero apuntar que el nuevo combatiente se orinó, se defecó, se vomitó y por último se me desmayó. "¡Qué de a verga!" decía yo. "¡Ahora sí ya triunfamos nosotros!" Ese hombre se llama Christián Pichardo y es el hoy heroico "Isauro" que encabezó la ofensiva final en Sébaco. ¡A ese jodido yo lo amo!

Pasamos un tiempo esperando que se calmara la situación, y empezamos a incursionar de nuevo por la zona, que luego fue el cuartel general de la columna César Augusto Salinas. Empezamos a entrenar campesinos, empezó a llegar gente. Llegó más apoyo, es decir, logramos más recursos. ¡No es que no se nos diera apoyo desde la ciudad en ese momento porque no se quisiera, sino porque no había nada! Para ese trabajo nuevamente fue fundamental Pedro Aráuz, que se desvivía y dio la vida consiguiendo recursos para la montaña.

La idea era consolidar un grupo con temple, capaz en determinado momento de dividirse y sobrevivir, para que no nos pasara lo que con la escuadra anterior, que fue aniquilada por falta de experiencia. Empecé con los muchachos un proceso bien duro de entrenamiento: los agarraba a las cuatro de la mañana y los despegaba a las diez de la noche. Un entrenamiento duro, duro, hasta hacerlos de piedra. Por supuesto que el que mejor se destacó fue Isauro, y lo nombré segundo del grupo.

Estábamos en el Cuá, que es el primer contacto con la montaña de afuera hacia adentro, o el último de adentro hacia afuera, y yo vi que llegó un momento en que las condiciones estaban maduras para dividirnos. Isauro se quedó con lo que fue la semilla de la "César Augusto Salinas", y yo me fui para Kilambé a iniciar lo que después fue la columna "General Pedro Altamirano", que dirigió Julio Ramos durante la última insurrección en Estelí. En el recorrido hacía Kilambé nosotros supimos de: 1] la muerte de Eduardo Contreras; 2] la muerte de Carlos Fonseca; 3] la muerte de Carlos Agüero Echeverría. Por supuesto que daban ganas de irse a su casa uno, ¿verdad? Me acuerdo que cuando lo de Carlos Agüero, acababa de cumplir años un compa. Cada que cumplía años un compa yo me hacía cargo de la cocina para que los demás se divirtieran y jodieran un poco. Entonces yo estoy batiendo un arroz en leche en un huacal cuando se suspende la música en el radio: "Pipiripipipipí, Cuartel General de la Guardia Nacional, Loma de Tiscapa de Managua, la Oficina de Información y Prensa da aviso que ha muerto el delincuente identificado como Carlos

Agüero Echeverría..." ¡Aventé el palo hijueputa con que estaba batiendo! Luego miré que los compas me estaban viendo y agarré el palo de nuevo. ¡Hay que tener cara de piedra!

RENÉ VIVAS: Cuando Modesto y el Macho Agüero decidieron dividir la brigada Pablo Úbeda y hacer la brigada Aurelio Carrasco con Carlos Agüero al mando, se pensaba darle mayor operatividad a la guerrilla. Sin duda que Carlos Agüero fue el guerrillero ejemplar: se caracterizaba por la audacia. Las cosas que Carlos proponía parecían a veces aventuras; cuando él no las dirigía a veces fallaban, porque se requería de su audacia constante. Y por otro lado estaba el otro aspecto; que en la montaña mucho incide la austeridad, la rectitud. En la montaña las debilidades humanas se ven como tras una enorme lupa y se agigantan; en la ciudad es más fácil ser recto porque nadie te está viendo. El grupo se mantenía entusiasmado, agresivo, por la presencia de Carlos Agüero. Entonces, cuando nos enteramos de que había caído el compañero Carlos Agüero me acuerdo que un compañero que estaba al lado me dijo: "¡Se jodió la brigada Carrasco!" y resultaron proféticas sus palabras.

En todo el operar de las columnas de Modesto y el Macho Agüero había una responsabilidad muy grande, porque nosotros jugábamos no sólo la vida nuestra, que al fin y al cabo ya la creíamos un tanto sobregirada, sino la vida de miles de campesinos. Porque cada falla nuestra significaba la masacre de toda una comarca. Y muchas veces ni siquiera se podían ver como fallas, sino que eran reveses, producto de la misma lucha desigual que se libraba en la montaña. Pero significaba la vida de toda una comarca, la huida, el pánico de toda una comarca. Y repercutía en la moral del campesinado.

Tanto Carlos Agüero como Modesto eran compañeros que siempre se preocuparon de la superación de todos, del estudio; siempre tenían una frase de aliento, un consejo; siempre estaban dispuestos a ayudar a un compañero cuando realmente afrontaba dificultades. Pero cuando era cuestión de debilidades, de fallas, de negligencias, Modesto era un látigo. ¡Era sumamente duro! En el momento lo resentíamos, pero luego lo agradecimos, porque con eso formó un grupo verdaderamente disciplinado. Modesto y Carlos Agüero fueron auténticos artífices de un grupo selecto. Claro que la montaña misma se encargó de formarlo, pero digamos que el artesano que pulió esa materia prima fue Modesto, con Carlos Agüero como segundo.

Hubo un momento en la montaña en que llegamos a ser un grupito muy pequeño. Todavía no se había dado la toma del cuartel de San Carlos, no había insurrección, no había nada. Habíamos perdido contacto con el grupo que quedó a la muerte de Carlos Agüero, donde estaban Hugo Torres, Roger Deshón, Roberto Calderón, toda esa gente. Buscarlos para nosotros fue una angustia, nunca supimos qué les había pasado, y en determinado momento Modesto planteó: "Bueno, el que se quiera ir, que diga." Y de once que éramos, sólo uno dijo: "Ya no aguanto."

Estábamos cercados, sin comunicación, con todas nuestras bases campesinas arrasadas, en una situación de hambre despiadada, extrema. Ya para morirse de hambre, un compañero deliraba, ya inconsciente y pedía leche. Somoza se planteaba levantar el estado de sitio que había durado tres años y medio, porque ya había pasado el peligro. Nosotros habíamos estado casi año y medio sin un solo contacto con la ciudad, aislados completamente, y Modesto propuso ahí la libertad para el que quisiera abandonar la lucha, y sólo uno dijo que se bajaba. Dicho sea de paso, nos comprometimos a poner al compañero en un sitio que creíamos más o menos seguro. Perdimos a dos compañeros valiosos por bajar a ese compañero de la montaña: cayeron en una celada de la Guardia cuando venían de regreso. Y el compañero que bajaron también cayó en manos del enemigo y lo asesinaron.

OMAR CABEZAS: Por fin llegamos a Kilambé. La ruta no es montañosa sino que es campo. Santa Elena es un gran peñón alto, y de ahí divisamos Kilambé. Allá apenitas en el infinito, se miraba el cerro hijueputa. Azulito. Es un macizo hermoso, y lleno de lo que los campesinos le llaman "amófera"; todo brumoso y con unos acantilados hermosísimos a nivel natural. Y allí nosotros a repetir la misma historia, y peor aún que cuando empezamos a formar la otra escuadra. Hace un frío horrible ahí, los palos se ven enormes pero cuando los tocás resulta que son pura lama los malditos. A la una de la tarde tenés que estar con sábana encima y suéter. Y te daba un hambre horrible y ganas de fumar y no había cigarros y lo único que comíamos era un pocillito de pozol con agua, y te daban unas ganas arrechas de comer dulce y no había dulce...

Ahí estaba una tarde a los dos días que llegamos, preparando un correo para Bayardo, diciéndole que ya estábamos en el Cuá, y que nos disponíamos a empezar el trabajo de allí para adentro. Estaba de posta mi segundo, "El Pinto", que así le decíamos porque llevaba un uniforme pinto —el primer uniforme pinto que llegó. Nosotros lo encontrábamos impresionante, hermosísimo. Además de que Franklin era grandote y barbudo; ¡parecía guerrillero! Siempre le decía yo a Franklin por joder: "¡Hombé, Franklin, cuando pregunten quién es el responsable les vamos a decir que vos sos, baboso! Vos sos hermoso y grandote —porque si aparezco yo de responsable no me lo van a creer." Entonces estaba Franklin de posta, y como hacía un frío terrible El Pinto se ponía una toalla en la cabeza como mantilla, que yo me arrechaba porque le reducía la audición. Y encima usaba un sombrero tipo Robin Hood, que se le había hecho un hueco porque se le había quemado en la cocina y le había puesto un parche en la parte de arriba. Y andaba de pinto —que no era pantalón y camisa sino que era un solo uniforme... ¡era un espectáculo! Pero a él le encantaba su uniforme al igual que a nosotros. Bueno, estaba con su toalla, y como hacía mucho frío y había mucho zancudo se ponía un pañuelo en la cara: la toalla, el pañuelo, el sombrero, barbudo y de pinto como tigre. Y yo estoy haciendo mi carta. De repente oigo unos gritos, algo de la Virgen, de la Virgen y los santos, no sé qué hijueputas pasa. Y bajo y encuentro que Franklin tenía a un campesino y unos niños presos. ¡El campesino creyó que era el Diablo! Porque yo les había entrenado cómo se salía uno de la posta cuando pasaba alguien.

Franklin se parapetó detrás de un palo y cuando el campesino estaba como a tres metros Franklin le salió detrás del árbol —el gran hombrón pinto con una toalla y un sombrero y un Garand —y le gritó: "¡Párese ahí, jodido!" "¡Virgen Santísima!" dice el campesino, "¡Ayúdame, Madre del Señor!" El hombre se escapa de desmayar y se agarra de un palo y los niños agarrados de la ropa del papá. Así llegó nuestro primer colaborador; el célebre "Bayardo", que yo le puse ese seudónimo por cariño a Bayardo Arce.

SERGIO RAMÍREZ: Pasada la ofensiva, en vez de retirarse todo el mundo e irse a su casa como si nada hubiera pasado, la actitud unánime del Grupo de los Doce fue decir que ellos tenían un compromiso con el Frente Sandinista, y que lo único que cabía hacer era sacar un manifiesto de apoyo al Frente. Yo redacté ese documento y se mandó a *La Prensa* y a la radio. *La Prensa* publicó el documento en la última página, bajo un título que si no recuerdo mal decía "Circula extraño documento en Managua". Ahí, gente como Felipe Mántica, el doctor Joaquín Cuadra y Emilio Baltodano no sólo atacaban frontalmente a la dictadura, sino que decían que en Nicaragua no había solución sin el Frente Sandinista —organización patriótica y heroica que había luchado largamente por la liberación de Nicaragua. Eso desconcertó totalmente a la dictadura, a la oposición burguesa y a todo el mundo, y generó una reacción política bastante interesante. A esta situación se sumó el ataque al cuartel de Masaya, que se produjo el 17 de octubre. El documento de los Doce salió el 14 o el 15, y en 48 horas se levantaron unas sesenta firmas de comerciantes, industriales y profesionales respaldándolo. Pero como el último párrafo del pronunciamiento de los Doce decía que si Somoza persistía en seguir en el poder la única perspectiva era la guerra, y al día siguiente se efectuó el ataque a Masaya, se produjo todavía más confusión y desconcierto.

El ataque a Masaya fue el menos exitoso militarmente, pero políticamente fue el que tuvo más impacto, porque el ataque a San Carlos se había dado en una aldea bien remota, y podía pasar como uno de los tantos ataques guerrilleros a puestos fronterizos lejanos; pero el ataque a Masaya, y la forma en que se dio, produjo un impacto tremendo. Una pequeña escuadra sandinista contuvo en la carretera Managua-Masaya durante horas a los refuerzos de la Guardia Nacional. Por un azar, el mismo día, en Tipitapa, cayó en una emboscada el compañero Pedro Aráuz, ese luchador incansable; y hubo otros combates cerca del cine Cabrera en Managua, y todo eso creó un clima de guerra como nunca antes se había vivido en la capital: se cerraron los bancos, se cerraron los colegios, se paralizó la actividad ante ese clima bélico que se comenzaba a sentir.

CARLOS NÚÑEZ: De 1974 en adelante nuestro movimiento fue adquiriendo un carácter masivo. Para impulsarlo se desarrollaron múltiples formas de propaganda; desde los volantes y la pinta clandestina, hasta los rótulos que aparecían en determinado momento, y la propaganda a través de las estaciones de radio que tomábamos. Aumentó nuestra habilidad para que en los distintos actos de masas y movilizaciones se distribuyera una gran cantidad de propaganda. Todo esto implicaba que nuestros esfuerzos organizativos se dirigieran a la articulación de redes y aparatos técnicos que nos permitieran elaborar la propaganda, las ideas, y transmitírselas a las masas.

El Frente Sandinista pudo cosechar experiencias basadas en sus mismas limitaciones. Se usaron desde aparatos sofisticados hasta el mimeógrafo. Pero, sobre todo, el Frente Sandinista coadyuvó a que las masas fueran desarrollando sus propias formas propagandísticas a través de los mimeógrafos populares. Ellas mismas se encargaban de preparar los volantes, de elaborarlos. Bastaba preparar el texto o la idea para llevar adelante el trabajo. Ellas mismas se encargaban de difundirlo a media noche, en la madrugada, de pasar en un vehículo a toda velocidad tirando los volantes en los lugares más frecuentados. También ellas se encargaban de propagar nuestras consignas. La consigna, el lema en sí, salía principalmente de nuestros dirigentes. Surgía de la orientación general y de la asimilación correcta de cuál era el objetivo específico que nos proponíamos llevar adelante en una tarea de cualquier índole. Aquí surgieron consignas de carácter conspirativo, de carácter programático, que señalaban un objetivo, y que resaltaban los valores morales del sandinismo. Incluso muchos pensamientos de nuestros compañeros se convirtieron en consignas.

Entre las más difundidas están: "LA MARCHA HACIA LA VICTORIA NO SE DETIENE", "EN LA MONTAÑA ENTERRAREMOS EL CORAZÓN DEL ENEMIGO", "TODOS CONTRA LA DICTADURA", "SANDINO VIVE: MUERTE AL SOMOCISMO".

A medida que la lucha se iba intensificando, que se iba desarrollando el trabajo, había que abrir nuevos frentes de guerra, buscar la solidaridad e imponer un mayor orden al trabajo internacional. El compañero Luis Carrión era el encargado directo de la preparación de condiciones para montar el Frente Oriental "Carlos Roberto Huembes"; el compañero Jaime Wheelock estaba encargado de llevar adelante la política internacional nuestra, y yo tuve que asumir la dirección de todo el trabajo en el sector central, sudoriental y occidental del país.

Yo diría que en ese sentido ya no se trató tanto de iniciativa sino ante todo de una labor conductora que nos permitiera llevar la organización por un cauce estrictamente definido. Al mismo tiempo que se desarrollaban las pláticas en el extranjero entre los representantes de las distintas tendencias, aquí en el interior también se preparaban las condiciones para unir a las fuerzas sandinistas. En ese sentido tuve la oportunidad de continuar los esfuerzos que inició Luis Carrión en la tarea unitaria. Junto con los compañeros Joaquín Cuadra —de lo que fue la Tendencia Tercerista— y William Ramírez —de lo que fue la Tendencia GPP— nosotros fungíamos como la coordinación sandinista a nivel nacional.

JOSÉ VALDIVIA: Las actividades de lo que vino a ser el Frente Sur estaban estrechamente vinculadas con lo que nosotros llamamos la retaguardia estratégica del Frente Sandinista. Yo creo que éste es un problema que se ha abordado muy poco en los artículos, en los libros, en las exposiciones que se han hecho.

Todo movimiento revolucionario necesita una retaguardia; una retaguardia que le permita operar con alguna facilidad para poder hacer toda una labor de propaganda, de política, de financiamiento, de consecución de equipo y, en fin, de todas las tareas que por razones lógicas de la clandestinidad no pueden ser realizadas dentro del país. Cuando en el Frente Sandinista se tuvo una posición clara sobre el papel que debía desempeñar Costa Rica —que es un país con algunas libertades que nosotros no teníamos, y que nos permitieron operar desde ahí— fue cobrando forma la idea de la retaguardia. Y efectivamente, con el tiempo y con un mayor desarrollo de la lucha, con todo un trabajo político y de relaciones con Costa Rica, este país se convirtió en una gran retaguardia del Frente Sandinista. Posteriormente, en el desarrollo de la guerra, la importancia de esa retaguardia se manifestó en la ofensiva de octubre, la ofensiva de febrero, el asalto a Palacio, el ingreso de armas al país, la elaboración de propaganda política y de documentos teóricos, ideológicos y políticos de la organización, además del manejo de las relaciones de solidaridad internacional. Todo esto tuvo como centro de operaciones a Costa Rica.

A partir del momento en que nosotros empezamos a hacer un trabajo para crear una estructura de soporte en Costa Rica, también empieza a manifestarse la participación de Costa Rica aquí en Nicaragua en la ofensiva de octubre. La ofensiva de octubre viene a convertirse en el inicio de la ofensiva final del Frente Sandinista. O sea, que desde ese momento, el Frente Sandinista, que había estado a la defensiva, asume una actitud ofensiva. Por la frontera norte y por la frontera sur y en el Frente Interno se dan los primeros golpes ofensivos de acuerdo con una estrategia militar diferente, trasladando el escenario fundamental de la guerra de la montaña a la ciudad y al campo. Los golpes que se dieron en las ciudades y en las fronteras vinieron a darle un respiro a la guerrilla y a incentivar nuevamente la actividad guerrillera en la montaña. Dentro de un plan de ofensiva general —que lógicamente presentó una gran cantidad de fallas por ser el primero que realizábamos— logramos asestarle un golpe formidable a la dictadura somocista en lo que llamamos la ofensiva de octubre.

7. POR EL CAMINO DE LA INSURRECCIÓN
   (1978)

SERGIO RAMÍREZ: La ofensiva de octubre produce un gran impacto político en el país, y le sirve de base a la burguesía opositora para lanzar su propio operativo político. Y este operativo de la burguesía, montado sobre las acciones militares del Frente y sobre los pronunciamientos del grupo de los Doce, no desemboca más que en pedir un diálogo con Somoza. Entonces se busca a la Iglesia como juez de este diálogo y al INDE (Instituto Nicaragüense de Desarrollo), que estaba presidido por Alfonso Robelo; el partido conservador, el liberal constitucionalista, y el social cristiano piden un diálogo, de esos que siempre se dice son para restañar las heridas de la nación, que es una forma de llevar agua a su molino. Entonces esta gente comienza a decir que el diálogo es pedido por el Grupo de los Doce. Nosotros aclaramos que jamás hemos pedido un diálogo con Somoza, sino con las fuerzas democráticas y con el Frente, pero contra Somoza; pero como la burguesía está montada sobre el aparato propagandístico del diálogo, hace caso omiso del asunto.

A todo esto, nosotros hemos avanzado rápidamente en el plano diplomático; ya hay comunicación con Carlos Andrés Pérez en Venezuela, José López Portillo en México y el general Torrijos en Panamá. Entonces Miguel d'Escotto se entrevista en México con Pedro Joaquín Chamorro, el director de *La Prensa* y líder de la UDEL (Unión Democrática de Liberación), que es la coalición de los grupos opositores de la burguesía, y Pedro Joaquín está dispuesto a que UDEL no participe en el diálogo con Somoza, y por primera vez se muestra dispuesto a un diálogo con el Frente Sandinista. Esa primera alianza que se quería lograr entre el Frente, los

Doce y UDEL está programada para una reunión en la segunda quincena de enero, en México. Y es cuando se produce el asesinato de Pedro Joaquín Chamorro, tramado por Anastasio Somoza Portocarrero, hijo del dictador y director de la EEBI (Escuela de Entrenamiento Básico de Infantería), el temido batallón especial de combate de la Guardia Nacional.

Ya para las fechas del asesinato de Pedro Joaquín, el Frente Sandinista ha podido comenzar a alimentar con armas y con recursos al Frente Interno —Managua, Masaya y Granada— que estaba dirigiendo Camilo Ortega, el hermano menor de Daniel y Humberto. Cuando ya el paro empresarial está moribundo, el Frente Sandinista logra sellarlo con las acciones militares de la toma de Masaya, la toma de Granada y Rivas, y el ataque a Rivas que dirige Edén Pastora penetrando por la frontera sur al mando de unos cuarenta hombres. La toma de Granada la dirigió Camilo Ortega, y fue la primera acción militar que se dio desde el interior de una ciudad; los integrantes de la columna vivían en Granada. Camilo Ortega era el eje y el alma del Frente Interno, tenía una gran capacidad de organización y movilidad, y es por eso que cuando se presentó la insurrección de los indios de Monimbó en Masaya, la dirección nacional mandó a Camilo para allá con armas y con hombres. Fue ahí que cayó Camilo Ortega.

MARÍA CHAVARRÍA: Monimbó nunca fue un barrio somocista. Nosotros vivimos siempre relegados por los políticos que sólo venían a decirnos discursos en tiempo de elecciones. Entonces sí se acordaban de Monimbó.

Sabíamos que Nicaragua estaba en manos de bandidos, asesinos como Somoza, Cornelio Hueck, Constantino Blanco, Orlando Montenegro, y que todos ellos sólo buscaban cómo seguirnos exprimiendo. Fue así que cuando ya no aguantamos más, decidimos protestar.

Celebramos una misa en Don Bosco, pidiendo justicia para el caso del doctor Pedro Joaquín Chamorro, que tenía un poquito más de un mes de haber sido asesinado, y cuando veníamos saliendo llegó la Guardia y desde un helicóptero comenzaron a lanzar bombas lacrimógenas. No les importó que se asfixiaran los niños. ¡Aquello fue horrible! Ahí lloramos no sólo por las bombas, sino por el coraje de no tener armas para combatir.

Yo no recuerdo exactamente cómo fue que comenzó todo. Lo que sí me acuerdo es que mi muchacho llegó a la casa, rápido, buscando una de las máscaras que teníamos guardadas y que le había pertenecido a mi padre. Sólo se la ponía para la fiesta de "Tata Chombito", donde salía bailando. Mi muchacho se puso la máscara y me dijo: "Ahora sí se puso buena la cosa, porque vamos a enseñarle a la Guardia que aquí en Monimbó hay huevos y que no van a encontrarse con pendejos." Ese día comenzaron las bombas de mecate y hasta después se hicieron las bombas de contacto. Se ponían en las esquinas a que pasaran los BECATS * para lanzárselas. Parecían locos los Guardias disparando, miedosos, a lo loco, mientras que los muchachos se agazapaban para que no los vieran.

Para ese entonces ya sabíamos que andaba por aquí el Frente Sandinista, pero había quienes nos imaginábamos que iban a venir aquí en columnas, o algo así. Fue hasta después que nos dimos cuenta de que el Frente Sandinista éramos nosotros; que ellos iban a orientar, pero que éramos nosotros, al lado de ellos, los que teníamos que luchar. Ese día comenzaron a salir los pañuelos rojo y negro. Por primera vez comenzamos a participar todos en la lucha. Me acuerdo que nos pusimos todas a alzar barricadas para que no entrara la Guardia; pero el problema era que no teníamos armas, sólo unas pistolitas, pero eso no importaba. Nosotras decíamos: "O triunfamos, o nos matan a todos."

A partir de un día como ése se iniciaron las fogatas en todo el barrio. Me acuerdo que en esa primera oca-

---

* Brigadas Especiales de Combate Antiterrorista.

sión la Guardia quiso entrar al barrio, pero no pudo; de todos lados le caían bombas de contacto. Entonces disparaban contra las casas sin importarles que mataran a personas inocentes. Nosotros estábamos firmes, sabíamos que no nos dejarían solos, que otros seguirían nuestro ejemplo.

El primero que cayó fue Tamal Tigre, un muchacho que lo agarró un Garand en el brazo y casi se lo desbarata. Ese día lo velamos en el barrio. Allí fue donde comenzaron a salir los primeros héroes. Entre ellos recuerdo a "Domingo", que era como se llamaba Bayardo López. Él era muy valiente, siempre iba adelante en los ataques contra la Guardia. También me acuerdo de Ulises Tapia, de Bosco Monje, del hijo de Orlando Castellón. Fueron todos estos muchachos los que comenzaron. Me acuerdo que todos nosotros los apoyábamos. Guardábamos en nuestras casas las bombas, las medicinas, en fin, todo lo necesario para la guerra. Después de la primera masacre que hizo la Guardia, los somocistas vinieron a darnos alimentos y a ofrecernos el cielo y la tierra. Pero nosotros ya sabíamos que los únicos que de verdad podían llevarnos a vivir como la gente eran los muchachos del Frente.

Una noche limpiamos el barrio de orejas. Me acuerdo que ese día los muchachos se pusieron las máscaras para que no los reconocieran los orejas del barrio. En la noche las máscaras a nosotros nos daban miedo ¡pero a la Guardia era terror lo que les daba! Esa noche la Guardia ametralló la iglesia, y al día siguiente fue que llegaron a sacar detenido al padre Pacheco y le pusieron armas en su cuarto para justificar su expulsión del país. Allí también protestamos nosotras; fuimos hasta el propio cuartel de los asesinos a pedir la liberación del padre Pacheco. ¡Esas son babosadas! Desde el 24 de febrero dejamos de sentir miedo a la Guardia. Allí sentimos lo que dice aquel retrato de Sandino: que es mejor hacerse morir como rebelde que vivir como esclavos.

Hay muchas cosas de las que uno tiene que acordarse, como es el caso de Felipe, "el Zapatón", que le decíamos. Era uno de los que manejaba el mortero, y cuando venía la Guardia y ya no tenía otra cosa que hacer, lo puso como cañoncito y disparó contra ellos. Me acuerdo la risa de los muchachos cuando contaban las carreras que pegaban los perros de Somoza. Ahí en en mi casa yo tuve a esos muchachos. Un día vinieron a hacer un cateo a la casa vecina, y yo estaba con miedo porque en un saco de ropa tenía medicinas, y enterradas en el patio como cien bombas de contacto. ¡Si las hallaban allí nos mataban a todos!

La lucha de nosotros era la lucha del pueblo. Sólo creíamos, y creemos, en el Frente Sandinista de Liberación Nacional. Nosotros nunca vimos combatiendo a esos burgueses que ahora dicen que ayudaron. Nosotros nunca vimos a los que dicen que son de los Derechos Humanos. Nosotros nunca vimos a nadie más que a nuestros hijos, que ellos eran, y son, del Frente.

Hoy estamos contentos, después de dos años que se inició aquella guerra. Estamos seguros que esta revolución no la para nadie, porque sabemos lo que cuesta.

¡A nosotros no nos van a decir nada, si nosotros somos los que pusimos los muertos! Porque nosotros somos los que creemos en nuestra vanguardia, en nuestros muchachos, y en que van a arreglar los problemas —claro está, si nosotros les ayudamos.

SERGIO RAMÍREZ: La insurrección de Monimbó no fue planeada por el FSLN; el Frente se montó sobre esa insurrección para tratar de conducirla, pero lo que pasó fue que después de las acciones de octubre y del asesinato de Pedro Joaquín, la actitud insurreccional de las masas comenzó a tener un efecto multiplicador, frente al cual no había aparato militar ni organizativo que contuviera toda esa efervescencia, esa agitación que comenzó a producirse en todo el país —que es precisamente lo que las acciones de octubre pretendían desencadenar.

Poco después, en junio de 1978, la dirección ve que el Frente Norte ha cumplido su papel de concentración de fuerzas de la Guardia, de foco importante, y se desplazan los principales cuadros a la lucha interna. Solamente se queda Germán Pomares al mando del Frente Norte.

En ese lapso entre la insurrección de Masaya y el regreso del Grupo de los Doce en julio, Somoza sigue recuperándose de su infarto cardiaco y, seguramente asesorado por Estados Unidos, levanta el estado de sitio; deja que circule nuevamente *La Prensa;* los padres capuchinos de las misiones norteamericanas revelan el asesinato masivo de familias campesinas en el norte por parte de la Guardia Nacional, y eso comienza a crear una agitación en todo Managua. Ahí desempeñan un gran papel las organizaciones que ha ido estructurando la Tendencia Proletaria, sobre todo la Asociación de Mujeres. El manifiesto de los Doce también desencadena docenas de manifiestos de toda clase de organizaciones políticas, sindicales, gremiales —¡hasta del Club de Leones!— y entonces se decide el regreso de los Doce al país.

Yo creo que a Somoza nunca se le ocurrió que nosotros volveríamos a asomar la nariz por aquí. Mantuvo el auto de prisión sobre nosotros como una espada de Damocles, y creyó que era suficiente para neutralizarnos; que el grupo se iba a comportar como tantos otros al nivel tradicional de la burguesía, que daban dinero para que otros fueran a exponer su vida. No pensó que esa gente tenía el suficiente calibre político, la suficiente conciencia desarrollada alrededor del apoyo al Frente Sandinista como para volver al país. No se le pudo haber ocurrido, porque si algo tuvo como constante política el Frente Sandinista fue el quebrarle los esquemas a cualquiera. Cada quien esperaba de nosotros una conducta de acuerdo con determinada ortodoxia y el Frente Sandinista siempre hacía la peor locura exitosa, y salía adelante por otro lado. Entonces Somoza se vio presionado por la decisión nuestra de regresar, y jugó con variables demasiado fáciles: "Bueno, éstos van a regresar, y yo soy un idiota porque los estoy haciendo héroes. La medida que hay que tomar es desinflar el globo y quitarles el auto de prisión, y cuando vuelvan nadies les va a hacer caso porque ya no tendrán motivo para venir a desafiarme, ya pueden volver como cualquier persona."

Cuando nosotros bajamos del avión, el aeropuerto estaba como si fuera a ser atacado por una fuerza militar extranjera. Había soldados por todas partes, helicópteros sobrevolando, ametralladoras emplazadas en el techo. Pero era la primera vez que el pueblo tenía la oportunidad de expresarse masivamente en favor del Frente Sandinista, y hubo más de 150 000 personas en la tremenda agitación que se produjo en Managua ese 5 de julio.

RENÉ VIVAS: Modesto bajó de la montaña para tratar de restructurar las redes logísticas, hacer contacto con la ciudad y ver qué era lo que pasaba con las Tendencias. Me tocó a mí quedar a cargo de la brigada "Pablo Úbeda", y se nos planteó rehacer las bases campesinas, buscar zonas pobladas, porque el enemigo nos había obligado a buscar zonas muy inhóspitas; toda la población campesina en kilómetros alrededor había sido arrasada u obligada a huir. Y se nos planteó un desplazamiento, que para llegar a la nueva zona de trabajo caminamos casi veintitrés días —una jornada muy dura.

Ahí empezamos a crear nuestras bases de apoyo, que se ampliaron en una forma increíble; el entusiasmo de los campesinos era extraordinario. Pero el problema era armarnos, porque habíamos quedado prácticamente sin armas, enfermos, todos con lehmaniasis, infecciones tremendas de hongos en los pies, en un estado de debilidad muy grande... Y, pues, había que entrenar campesinos, prepararlos, estar en condiciones de volver a operar en cuanto nos subieran las armas.

SERGIO RAMÍREZ: A nuestro regreso, ya con una actitud francamente de preparación del ambiente insurreccional, comenzamos un plan de visitas al interior del país. Ya había crecido la capacidad del Frente Sandinista en las ciudades y se pensaba en la acción de palacio. Se decidió el ingreso de los Doce al Frente Amplio de Oposición, que había gestado la burguesía, donde estaba el Movimiento Democrático Nacionalista de Alfonso Robelo, el Partido Social Cristiano, el partido socialista de los Chagüites, el Partido Liberal Independiente... todos los partidos. Se discutió dentro del Frente si entraríamos al FAO o si íbamos a encabezar el Movimiento Pueblo Unido donde estaban agrupadas las organizaciones de masas sandinistas. Se decidió entrar al FAO con el fin de darle algo que la derecha no quería: un programa. Porque para la derecha proyanqui la mejor actitud era no tener actitud; es decir, luchar circunstancialmente, unidos en ese momento contra Somoza, pero agarrar después el pedazo más grande si Somoza caía. Por eso no querían comprometerse con un programa de 16 puntos que pasamos varios días discutiendo ahí. Las discusiones más severas, más conflictivas las tuvimos en ese momento con el MDN, porque Alfonso Robelo y su gente se oponían a que en el programa se hablara del "derrocamiento de la dictadura", porque para ellos "derrocamiento" significaba un trastorno revolucionario. Otro término que no le gustaba mucho al MDN era el de "desmantelamiento total del aparato militar y político de la dictadura". Fue una discusión bastante severa para sacar adelante esos dos puntos.

Cuando comenzó a gestarse la huelga promovida por el FAO, yo pasé a ser miembro de la comisión política del mismo junto con Rafael Córdoba Rivas y Robelo frente a la protesta de la derecha, que no nos quería en la comisión porque veía que el Frente Sandinista ya estaba hegemonizando el FAO —¡que era precisamente a donde nosotros queríamos llegar! La comisión política se convirtió en una comisión de huelga para dirigir la huelga nacional, una huelga que, extrañamente, la burguesía nunca quiso financiar, porque decía que ya estaban poniendo bastante dinero con parar sus negocios y sus fábricas. Era cómico ver cómo le regateaban el apoyo económico a la huelga, a la movilización.

HUGO TORRES: * Un día antes de que supuestamente fuéramos a tomar como rehenes a todos los diputados somocistas y zancudos que se encontraban en el Palacio Nacional, terminamos de concentrar a la gente y las armas a las 7:30 de la noche. Todavía no habíamos probado si las armas estaban buenas y no nos conocíamos con algunos de los comandantes de escuadra programados para la acción. Esa noche nos reunimos Dora María, Edén y yo con Joaquín Cuadra y con Óscar Pérez Cassar —que junto con Hilario Sánchez eran el estado mayor de la Tendencia Insurreccional. Estábamos todos en una finca en las sierras de Managua haciéndonos pasar por un grupo de cursillistas religiosos (Edén era el cura y como tiene pinta de cura español, le quedaba). Cuando llegaba una señora a dejarnos comida nos reuníamos en el comedor y rezábamos. Incluso la señora se quedaba a orar con nosotros. ¡Y todos los jodidos guerrilleros rezando!

Esa misma noche nos dimos cuenta de que no era imposible, pero sí sumamente difícil, llevar a cabo la acción de manera que rindiera los frutos esperados. Se discutió eso: nosotros les presentamos nuestras apreciaciones a los compañeros. El compañero Pérez Cassar era sumamente exigente y empezó a presionar diciendo que eso se tenía que hacer —lo mismo Joaquín. Se dio una discusión verdaderamente democrática, y nosotros plan-

* El 22 de agosto el comando "Muerte al Somocismo: Carlos Fonseca Amador" tomó el Palacio Nacional en el centro de Managua. Entre los rehenes estaban los más poderosos representantes del somocismo. Tras 45 horas de negociaciones, el FSLN logró la liberación de 60 presos políticos, incluidos Tomás Borge y René Núñez. La difusión radial de dos extensos comunicados y el pago de medio millón de dólares.

teamos que si nos daban la orden lo hacíamos; pero argumentamos que corríamos demasiado riesgo, y que las repercusiones de que eso saliera mal iban a ser graves. Los compañeros tomaron en cuenta nuestros puntos de vista, nuestras apreciaciones, le dimos vuelta al asunto, y en definitiva fueron ellos los que dijeron que no. Pospusimos la acción.

DORA MARÍA TÉLLEZ: A mí me avisaron de la acción de palacio dos días antes del primer intento, porque yo no estaba programada para entrar en acción, pero cuando entramos a profundizar en lo que podía derivarse de ella, en las condiciones que podían generarse con esa acción, y en la serie de decisiones y problemas que tal vez surgirían adentro, entonces se pensó más en el fortalecimiento y asumí el primer intento. Como el primer intento no se dio por una serie de fallas técnicas y otras cuestiones, tuvimos que esperar una semana y eso ya nos permitió compenetrarnos más de la situación y preparar el golpe mejor.

Los diputados se reunían cada semana, miércoles a miércoles y ésa era la última sesión antes de entrar en receso. Iban a votar sobre un préstamo fuerte que iba a dar el BID de 40 millones. ¡Eso a nosotros nos gustaba más todavía! Íbamos a lanzar un voto de incógnito, ¡un voto del pueblo! Y se lo dijimos a los diputados que estaban ahí adentro, que votábamos en contra de los 40 millones.

Así caí yo en palacio, por una decisión del estado mayor nuestro, que eran Óscar Pérez Cassar, Joaquín Cuadra e Hilario Sánchez. Ésa fue la decisión que tomamos los compañeros; la dirección aprobó la acción y... bueno, vamos de viaje; nos metimos a palacio. El entrenamiento anterior consistió en lo siguiente: yo intenté hacer algunos ejercicios días antes, pero como ya tenía tiempo de no hacer ejercicio pensé que si comenzaba entonces iba a llegar cansada a palacio. Resolví no hacer ejercicio. Me parece que el programa de entrenamiento de Hugo y Edén fue un poco parecido. Decidimos no concentrar a la gente hasta dos días antes, porque si no, nos podían quebrar. Entonces, en esos dos días estuvimos enseñándoles el uso de algunas armas, arme y desarme, posiciones de tiro, cómo tenían que disparar, en dónde estaba el seguro, cómo se cargan los tiros... una serie de cosas. La mayoría de la gente que participó en la acción la sacamos del equipo de bomberos nuestro —de los tirabombas, pues. Bomberos de Monimbó, de León, de todas partes que no siempre conocían el manejo de las armas. Lo que más ensayamos antes fue el teatro, ¡eso sí que lo ensayamos! Edén tiene mucha capacidad para eso; él es capaz de hacerlo igualito a como se hizo en palacio. Tiene un gran talento dramático, histriónico, y para los compañeros fue una cosa retratada lo que ellos debían de hacer, la actitud que debían tomar. Según nosotros, eso era lo medular de la situación; asegurar nuestra imagen y al mismo tiempo darle seguridad a los rehenes para que no armaran una crisis histérica, porque a cien gentes histéricas no hay batallón que los controle. Incluso hubo un temblor cuando estábamos adentro, y ahí nos quedamos pensando a ver cómo hacíamos si había un segundo temblor, porque esa gente era capaz de entrar en crisis. Éste es un país extraño; las cosas más inverosímiles suceden aquí. Bueno, pues nos fuimos a palacio disfrazados de Guardias todos. Edén Pastora, Hugo Torres y yo, y los 25 miembros del comando. Las camionetas, que supuestamente iban a ser verde olivo, quedaron verde perico porque no había otra pintura. La lona que les pusimos encima no ajustaba y tuvimos que tapar los huecos con unos cartones y arrancar hacia palacio. Contando chistes, porque Edén es de los que cuentan chistes en los momentos de tensión.

Nuestro nivel de información no daba como para hacer el cálculo de que entre las doce y la una de la tarde se movían en palacio unas dos mil y pico de personas, si no, tal vez no hubiéramos sido tan audaces; hubiéramos pensado otra cosa. Pero nosotros pensamos que con un comando de 25 personas estaba bien; más, hubiera sido peligroso; y menos, pues no. Además no teníamos más armas. Se decía que la Tendencia Tercerista o Insurreccional tenía más armas que todas, pero en agosto de 1978 Managua se quedó con una pistola y el país entero se quedó sin una granada para poder armar al comando. Entonces era el todo por el todo: había que jugársela y nos la jugamos.

La acción de palacio fue hecha para que produjera el efecto que produjo, y en el momento en que lo produjo. En principio se planificó para romper una maniobra política, y la vía militar fue un medio. Que la acción, desde el punto de vista militar, haya sido audaz, no tiene importancia; fue únicamente un medio, porque nos mataran o no nos mataran, la acción cumplía su objetivo. Claro que la planificamos para que no nos mataran, para triunfar, porque si no, no hubiéramos triunfado. Pero de todas maneras, las posibilidades de la muerte estaban a la vuelta de la esquina, porque en la llegada a palacio había que pasar frente a dos o tres tanques de la Guardia, y o los engañábamos y nos aceptaban el disfraz, o nos matábamos a tiros en la calle con ellos. De todas formas el estado mayor decidió darnos la posibilidad de una salida; una de nuestras exigencias era que se leyera un extenso documento del FSLN en la cadena nacional de radio y ahí se alertaba a todas las unidades de combate para entrar en acción en el momento que fuera determinado. Los compañeros insistieron en que la obligación moral y política de ellos era garantizar que si la Guardia nos atacaba por lo menos les iban a tirar cuatro tiros por la espalda que nos permitieran una posibilidad remota de salir con vida de ahí. Nosotros nos negamos, porque la responsabilidad de nosotros era cerrarnos las puertas. Uno tiene sus debilidades, y cuando le dan una vía de salida dan ganas de aprovecharla. Los revolucionarios tienen que cerrarse las puertas a las alternativas. Nosotros siempre partimos de ese criterio, y más que sabíamos cuán grande era la responsabilidad nuestra, que de la acción se iba a derivar un auge insurreccional, que se iba a acortar el tiempo a la insurrección, que eso no era totalmente conveniente, pero que no había más remedio: ya habíamos medido ese ánimo insurreccional y sabíamos que era incontenible. ¿Por qué? Porque aquí ya había habido un 10 de enero, que fue el asesinato de Pedro Joaquín Chamorro con toda su cauda de indignación popular; pero hubo algo más importante todavía: había habido ya una captación en febrero de 1978 de la idea de la insurrección en Monimbó. Eso quería decir que el pueblo ya había aceptado como suya esa forma de lucha, que respondía a sus necesidades y a sus tradiciones históricas de combate y que eso garantizaba que la insurrección fuera la alternativa correcta de la victoria.

Pero ¿cómo detectamos el ánimo insurreccional realmente nosotros? Cuando regresaron los Doce aquí, yo me fui a la manifestación de clandestina, porque si no, no iba a saber nunca de lo que eran capaces de hacer las masas de este país. Entonces me fui a meter a Monimbó a oír el discurso del padre Fernando Cardenal. Mi coche iba en la punta de la manifestación, de manera que pasé el cordón de Guardias antes de que la Guardia empezara a disparar. Ahí vi al pueblo nuestro volcado en las calles, con ánimo insurreccional pero desarmado, mostrando los albores de su potencialidad para insurreccionarse. Regresé como a las 11 de la noche y casi me sancionan, pero si no, no iba a saber nunca cómo iba a ser la insurrección; no iba a medir la conciencia política y la decisión de nuestro pueblo. Porque si ese potencial lo demostró en determinadas ocasiones antes y no había habido un reflujo sino que había un ascenso, quería decir que el potencial estaba ahí. Es como lo que pasa con las pruebas de inteligencia: un individuo en determinado momento puede sacar 125 de coeficiente intelectual, pero en otro momento y en otras circunstancias saca 110. ¿Cuál es el coeficiente real? Se toma el 125, que es su capacidad potencial. Así con las masas: cuando el regreso de los Doce, se vio su potencialidad, aunque en otros días aparentemente disminuyera. Porque las masas tienen empujes gigantescos, pero nadie puede aguantar una carrera sin respirar, entonces de repente uno veía que la movilización cesaba un poco, y yo llamo a eso el tiempo de respiro de las masas; están agarrando aire, llenando los pulmones para tirarse de nuevo contra el enemigo. Eso fue lo que se dio después de palacio, antes de la insurrección de septiembre.

RENÉ VIVAS: Cuando la insurrección de septiembre, teníamos tres armas nada más —y un Garand que disparaba cuando le daba la gana. En los meses anteriores ya habíamos logrado crear una amplia red de apoyo campesino, una disponibilidad de muchos jóvenes campesinos de integrarse a la guerrilla y empuñar el fusil. Entonces, cuando se dio la insurrección de septiembre, nos planteamos inmediatamente juntarnos con David Blanco que venía entrando unas armas por la zona del río Illas. Traía unas dieciséis armas —una cantidad muy respetable para como estábamos nosotros. Entonces nos fuimos a caballo a buscarlo, despreciando todos los peligros, cruzándonos los caminos de día, abiertamente, con las armas en sacos, porque nos dábamos cuenta de que el enemigo en ese momento tenía que centrar su acción en la zona del Pacífico —en León, Matagalpa, Chinandega y Estelí y que no se iba a andar fijando en un grupito que pasaba por esas montañas.

Ya con esas armas, pensábamos que podíamos intentar tomarnos algunos cuarteles de la zona para distraer la atención de los Guardias, jalarnos a unos trescientos o cuatrocientos a combatir con nosotros. Pero por más que hicimos ese viaje a toda carrera, ya cuando veníamos de vuelta, Estelí, que fue la ciudad que más resistió —permaneció insurreccionada doce días— estaba cayendo, y nos llegó la contraorden de que aguardáramos.

JUAN ABURTO: En Estelí... después del balerío de las ametralladoras y de la reventadera de las bombas y el ruidajo de los aviones pasando bajito, todo quedaba como calmado, pero se oía un gran alboroto de largo. Oíamos gritos de muchachos con miedo y mujeres llorando. También de puertas desgajadas, de ventanas hundidas como a mazazos. Después, unas descargas cada vez más cerca y unos grandes berridos llenos de amenazas y de odio. Se oían llantos por dondequiera, lloridos fuertes de muchachitos, de las mamás jalándolos y gente corriéndose para todos lados, pero se regresaban de la esquina, de la otra esquina también, por cuánto estaban rodeados. Tropezaban en carrera unos con otros desesperados. Entonces, de balde golpeaban las puertas de los vecinos y suplicaban, gritando, entrar.

En eso los disparos cada vez más cerca, las puertas derrumbadas en las otras casas; los grandes golpes primero, las amenazas dando órdenes malcriadas, un gran ruidero de quebrazón de chunches y alaridos de la gente que encontraban escondida.

No hallábamos dónde escondernos, debajo de la cama, en la cocina, entre roperos, acurrucados detrás de los palitos del patio. Pero era imposible. Cada vez más cerca, cada vez más cerca. Comenzábamos a rezar. Pero el Padrenuestro se nos enredaba con el Avemaría. Volvíamos a principiar, "Dios te salve María, alabado sea tu nombre. Hacéte para acá, papito, abrazáme duro, no llorés papito, ya va a pasar." Y en la calle la gran bullanga que daba horror. Llegaban unos camiones, brincaban unos hombres pesados y les oíamos el ruido de fierros, de rifles, como de latas y chischiles, unos cogían para un lado, otros para otro, trotando, buscando a la gente casa por casa. Iban llegando a las puertas de nosotros; nosotros con una aflicción horrible en el corazón, con el güergüero apretado, no podíamos tragar, todos sudados agarrándonos las manos con sudor helado. Abrazados, hechos un moño, un grupito aquí, otro más para allá, en lo oscuro de la casa toda cerrada. Nos movíamos despacito para que no nos oyeran, pero era mentira. De repente los grandes golpes en la puerta de nosotros, ¡la estaban botando! Primero se hacía un hoyo, después se caía una regla, una tabla, y otra, las culatas de los rifles, del poco de Garands golpeando duro contra la puerta. Ya les veíamos los cuerpos, las caras negras horribles de demonios vestidos de verde con casco, en una mano la pistola o el yatagán, y los hijueputazos que nos echaban desde afuera: ya la puerta en el suelo, unos se metían, otros desde afuera nos apuntaban, ¡a ver, los muchachos, apártense! Les apuntaban primero a los muchachos, nos desapartaban y allí nomas los herían, del pelo los sacaban de debajo de las camas, de debajo de las mesas, del ropero. También primero nos pateaban duro, cuando no podían arrancarnos a los muchachos, pues nos tiraban a todo el grupo, y hasta se ponían a reír los ingratos. Las mujeres se querían correr y les quedaban los pedazos de trapo de vestido en la mano a los Guardias, ahí nomás les destapaban la cabeza del balazo.

DORA MARÍA TÉLLEZ: Parte de la gente que se había quedado allá en el norte se comunicó con "Rubén" —Francisco Rivera— en Estelí. Rubén se retiró al monte con ellos, dando lugar a lo que yo llamo la segunda transformación del Frente Norte. La primera transformación, la de la escuela que entra como columna a Ocotal, yo la llamo el embrión del Frente Norte. La segunda fue la de aquellas gigantescas columnas de hombres y mujeres desarmados, con dos, tres o cuatro fusiles, con gente perdida, ya con un dirigente como Facundo Picado muerto, con una experiencia tremenda ganada, con las masas de nuestro lado, pero con enormes problemas que resolver en cuanto a la cuestión de planificación, de armamento, de logística. Pero ya aquella columnita que había entrado con Joaquín, que pasó al mando de Rubén y de "René" Elías Noguera. había logrado incorporar a una gran cantidad de campesinos que habían bajado a Estelí.

Ésa sería la columna —que en realidad no era tal— que posteriormente dirigía Pomares; lo que era, era una masa de gente que había salido con la insurrección, una masa de muchachos que se había incorporado por primera vez al combate, que sabían que había que derrocar a la dictadura por la vía armada, pero que no sabían más. Se envió a Pomares para allá a darle forma a esa masa de gente, a integrarla, a estructurarla pues.

Todo eso se puede dar en Estelí porque en Estelí hay historia. Los Rivera tienen historia allí. Filemón era un carpintero bien querido dentro de los sindicatos artesanales de Estelí, fue un dirigente de nuestra revolución; y Rubén era un chavalo conocido, un obrero cortador de tabaco que también desde niño se había integrado a la revolución. Además, la Tendencia GPP también tenía históricamente todo un trabajo político ahí. Es significativa la muerte misma de un dirigente de la estatura de José Benito Escobar en Estelí, que revela la importancia que los compañeros de la Tendencia GPP le daban a su trabajo ahí. Ya desde que se articuló la guerra de guerrillas antes de la división, Estelí había sido una vía de correo y de apoyo para la entrada al norte donde estaba Modesto. Entonces todo ese trabajo político produjo a los Rivera —a Filemón y a Rubén. Y después de la división se dieron los diferentes trabajos de cada tendencia, pero en definitiva coincidieron en la insurrección. Dentro del proceso de la guerra no puede verse únicamente la presencia de una tendencia, sino la combinación del conjunto del trabajo de las tres; era un trabajo complementario —no se hubiera podido ser vanguardia sin el trabajo de las tres. Entonces, esa conjunción de los trabajos llega a ser ejemplar: la coordinación de Julio Ramos y Rubén, que dirigían las columnas GPP e Insurreccionales respectivamente, fue ejemplar para trabajo urbano. En la montaña la coordinación tenía que ser más ejemplar, porque allá no se va uno a sentar a discutir que si la unidad o la desunidad, que si este criterio o este otro, porque las situaciones son extraordinariamente agudas; hay que dar una respuesta sin discutir mucho. Si vos tenés medio quintal de arroz y los otros no tienen, se acabó: hay que dividirlo y eso no tiene vuelta de hoja. Eso promueve relaciones humanas y políticas diferentes.

Yo digo siempre que una de las particularidades del FSLN es que es la única organización que yo conozco que dividida fue vanguardia. Además al pueblo le importaban muy poco las tendencias; el pueblo colaboraba con los Insurreccionales, los GPP y los Proletarios y los compartimentaba. A los Insurreccionales no les decía que también colaboraba con la GPP, a la GPP no le decía que colaboraba con los Proletarios... al pueblo lo que le interesó siempre fue el FSLN, y le interesaba la guerra, y la guerra la conducía el FSLN. Por eso yo digo que el proceso de unidad del Frente no es tal; es un proceso de reintegración orgánica y política. Nunca hubo una total separación: hay un vínculo que se mantiene, que hace prolongar al sandinismo como sandinismo y a los sandinistas como sandinistas, independientemente de los sectarismos y de cualquier cosa.

SERGIO RAMÍREZ: Cuando el estado mayor del Frente Interno y la dirección nacional se dieron cuenta de que la insurrección de septiembre no iba a llevar hacia el triunfo inmediato, se pasó a definir la situación por medios políticos. No se trataba de una derrota militar sino de un repliegue táctico para desembocar necesariamente en una nueva concentración de fuerzas tanto humanas como materiales, dado que por primera vez se había probado ya la efectividad de la participación de las masas en la lucha insurreccional. Era de esperarse que una segunda embestida iba a tener mayor éxito; por lo tanto era necesario crear un marco político para permitir la consolidación de esta fuerza. Fue por eso que al Grupo de los Doce se le orientó a entrar en el proceso de mediación que comenzó inmediatamente después de que la Guardia Nacional recuperó Estelí.

Me parece que fue en ese momento que el Departamento de Estado decidió deshacerse de Somoza pero conservar fundamentalmente al somocismo, en alianza con algún tipo de fuerzas tradicionales que estaban en ese momento en la oposición "cívica." Fue por eso que el comité político del FAO, que era el mismo que había manejado el asunto de la huelga, pasó a ser comisión mediadora. Nosotros nos negamos a hablar con Somoza o con representantes de la dictadura, y aclaramos que si estábamos aceptando una mediación patrocinada por la Organización de Estados Americanos era porque se imponía por razones humanitarias. Porque cuando se empieza a hablar de mediación, la Guardia todavía no ha tomado Estelí, ni León ni Chinandega, pero nosotros sabemos que el Frente no tiene posibilidades de retener estas ciudades, y entonces comenzamos ya a pedir una mediación internacional por razones humanitarias: para evitar el bombardeo de las ciudades y el asesinato indiscriminado de la población. Entonces yo participé en la mediación con el doctor Rafael Córdoba Rivas y con Robelo. Nos reunimos por primera vez en el Arzobispado, y nosotros hicimos una proposición que tenía que ver con el desmantelamiento de la dictadura. Somoza hizo otra contrapropuesta, pero Estados Unidos estuvo presionando siempre hacia un plebiscito en el que se votara sí o no a que Somoza continuara en el poder. El problema ahí fue que coyunturalmente Estados Unidos no pudo presionar al dictador para que aceptara ese plebiscito. Yo creo que si lo hubieran logrado hubieran tenido una oportunidad —la última del imperialismo— de desmontar a Somoza y tratar de conservar el somocismo. Pero en esa resistencia terca de Somoza ellos perdieron. El Frente Sandinista también ya empezaba a calcular cuáles eran los riesgos de seguir adelante en la mediación frente a las necesidades del repliegue: el repliegue ya se había logrado, y el camino que se estaba siguiendo en la mediación era bastante peligroso: finalmente dimos el caso por perdido, vimos que Robelo estaba siendo persuadido de que había que ser mucho más flexibles frente a Estados Unidos, y entonces quince días después de que la iniciamos, nos retiramos de la mediación. Hay que aclarar que la participación del Grupo de los Doce en las negociaciones dentro del FAO y en la mediación no era una participación de la Tendencia Tercerista: yo me reunía aquí en Managua con Jaime Wheelock para informarle del proceso, recibíamos consejos de todas las tendencias sobre la estrategia a seguir, y por último recibimos la orientación de dar un golpe dramático; renunciar y asilarnos.

La renuncia nuestra a la mediación y al FAO, y el asilo en la embajada de México fueron inesperados tanto para la oposición tradicional como para la embajada yanqui; los sacó de quicio y fue lo que definitivamente terminó con cualquier posibilidad política que todavía quedaba. Se trató de reponer el prestigio de la comisión mediadora incorporando en mi lugar al dirigente del Partido Socialista de Nicaragua, pero los del FAO cometieron el error político definitivo de sentarse frente a frente con los representantes del somocismo, y eso ya comenzó a oler a pacto. La palabra "pacto" es una palabra maldita en este país a nivel popular; el pueblo repudia cualquier cosa que huela a pacto, a componenda. Por otro lado nos ayudó el hecho de que Somoza comenzara a decir "no" a cualquier propuesta yanqui.

Cuando el Grupo de los Doce se retiró, y por lo tanto el Frente Sandinista le dio totalmente la espalda a la mediación, se siguió tratando de arreglar un problema en el país entre el somocismo y un interlocutor que no representaba nada, que era el FAO, mientras el verdadero interlocutor se preparaba para la guerra. Ese fue un error político fundamental del imperialismo y la burguesía. Y encima de eso, los yanquis pensaron en un momento que el Frente Sandinista estaba debilitado o liquidado militarmente, lo cual resultó un error bastante caro de pagar.

HUMBERTO ORTEGA: Después de septiembre, los seudorrevolucionarios, los seudoizquierdistas junto con los somocistas y la gran burguesía, cantaron victoria y dijeron: "Bueno, la insurrección ha sido un fracaso para el sandinismo y ahora pasarán muchos años para que se vuelva a dar otra oportunidad para derrocar a la dictadura." Sin embargo, al mes ya nosotros estábamos dando la voz de preparar la nueva insurrección que culminó con el triunfo. Para nosotros septiembre no había sido una derrota, como tampoco había sido un triunfo: simplemente fue un logro histórico. ¿Por qué no fue una derrota? Simplemente porque después de septiembre nosotros sacamos más experiencia militar, sacamos una mayor fuerza política nacional e internacional, aislamos y debilitamos más al somocismo, y nuestras fuerzas en lugar de reducirse se multiplicaron. Por ejemplo, llegamos a Estelí con 50 hombres; después de septiembre había miles que querían tomar las armas. ¿Quién fue derrotado? ¿Fuimos derrotados nosotros que incluso sacamos más armas de las que llevábamos? ¿Que matamos más Guardias? Ahí hubo muchos muertos; pero claro que fue el genocidio del somocismo; estábamos conscientes de que los sandinistas no habíamos perdido ni mucho menos: habíamos reafirmado nuestra autoridad moral, hegemonía política, voluntad de lucha y calidad de nicaragüenses.

8. AÑO DE LA VICTORIA (1979)

HUMBERTO ORTEGA: La insurrección popular en Nicaragua no se dio en determinada región o ciudad, sino que fue un fenómeno que parió todo el pueblo, y fundamentalmente nuestros más humildes, más explotados y oprimidos trabajadores del campo y la ciudad. Ésta es la primera afirmación que arroja el análisis simple de nuestra insurrección. Fueron nuestras masas las que le dijeron a su vanguardia, el Frente Sandinista: "¡Ésta es la forma de lucha!" Nosotros, la vanguardia, no hicimos más que ponernos al frente de esa voluntad, de esa decisión, de esa creatividad popular. Ayudamos más que nada a encaminarla, a dirigirla, a proveerla de una serie de instrumentos militares, políticos y de análisis que hicieran posible que esa voluntad popular alcanzara el objetivo del triunfo.

Ya desde un punto de vista más histórico podríamos decir que la insurrección fue la culminación de los esfuerzos de nuestro pueblo por liberarse de la opresión y explotación tanto local como extranjera. Éste es un esfuerzo de nuestro pueblo que ha durado todo el siglo, y que antes tuvo su mayor expresión con la lucha de Sandino contra la intervención de los marines yanquis en la década de los treinta. Nosotros, la vanguardia, recogimos del pueblo de Sandino los elementos fundamentales que nos permitieron llevar al pueblo hacia su libertad. Encontramos en nuestro pueblo los elementos políticos, militares, ideológicos y morales de nuestra lucha. Para eso tuvimos que comenzar con veintiún años de ejemplo y abnegación —porque podemos decir que desde el momento de la acción de Rigoberto López Pérez, en 1956, comienza a renacer la lucha popular que Sandino había dejado inconclusa. Fueron veintiún largos años en los que el sandinismo logró con su ejemplo hegemonizar la crisis política del somocismo. Este fue el principal logro de nosotros: el habernos ganado la autoridad, el amor, el cariño, la confianza del pueblo. Nosotros no habíamos logrado ni siquiera la estructura partidaria, mucho menos el aparato de agitación intermedia de masas, y mucho menos aún una gran organización militar. Lo que habíamos logrado hasta el momento era lo fundamental: la autoridad política y moral, que es la principal fuerza de todo proceso. A partir de eso se hacía menos complejo lograr la mínima organización de masas, militar y partidaria para la toma del poder.

Es que hay que ver que a Nicaragua podrían haber llegado antes del triunfo los diez científicos políticos y teóricos más sabios de Europa, y si no se meten al Frente Sandinista la gente los hubiera mirado como locos, por más verdades que hubieran dicho. Entonces no íbamos a comenzar recitando libros, pegándonos etiquetas en la frente de radicalismo o verbalismo infantil. Lo que queríamos era hacer la revolución, pero para hacerla teníamos que ganarnos la autoridad de las masas, y no la íbamos a ganar llegando a un lugar y diciéndole al pueblo: "Miren, esto es plusvalor", porque nos contestarían: "¡Y para qué queremos ese plusvalor si lo que tenemos es hambre!" No íbamos a ir con una mentalidad libresca ante un pueblo que no es libresco sino que es analfabeta.

Entonces, más que estar discutiendo si había que tener una guerrilla urbana o en la montaña, para nosotros la insurrección fue siempre una cuestión de asegurar que el pueblo fuera el protagonista fundamental de su propia libertad. Así, lo militar no fue más que un complemento de las masas, de los pobladores de los barrios, de los trabajadores en el campo y la ciudad, que poco a poco fueron aprendiendo en el mismo terror, en el genocidio, en la represión diaria del somocismo. Claro que si el pueblo no hubiera tenido una vanguardia no triunfa, como tampoco puede triunfar una vanguardia sin masas. Porque podríamos haber tenido cien mil armas, cien mil hombres empuñando esas armas, y sin una participación total como la que se dio en Nicaragua, desde el más humilde de los barrios hasta el elemento más preparado intelectualmente, hubiera sido difícil derrocar a Somoza. Porque Somoza no solamente era Somoza, sino que era el último marino yanqui en Nicaragua. Derrocando a Somoza estábamos sacando definitivamente la intervención norteamericana a que se enfrentó Sandino.

No solamente era indispensable la participación fundamental del pueblo, sino que también hubo necesidad de darle carácter nacional a esta lucha para derrocar a la dictadura, que era derrocar al imperio. Hubo necesidad de que participaran también aquellos sectores que, sin representar los intereses populares, sí tenían contradicciones de una u otra forma con Somoza y con el mismo imperialismo yanqui. Era indispensable la participación de la burguesía progresista y, junto con el pueblo, en la práctica se forjó la gran unidad nacional que permitió vencer al imperialismo. No solamente eso; también era indispensable que alrededor de esta unidad nacional se volcasen los pueblos de América Latina y del mundo, y los gobiernos progresistas. O sea que la insurrección sin una unidad nacional como la que tuvo el sandinismo, sin una unidad nacional alrededor, lógicamente, del pueblo, sin una unidad del pueblo alrededor, lógicamente, del sandinismo, sin una unidad del sandinismo alrededor, lógicamente, del pueblo sandinista, no hubiera sido posible.

JAVIER CARRIÓN: A mediados de mayo, la columna "Óscar Turcios", dirigida por el comandante Germán Pomares, incursiona en Jinotega, una ciudad al norte del país. Nos damos cuenta entonces que nos hemos quedado aislados militarmente, que las otras fuerzas en el resto del país no han podido responder coordinadamente. Estamos gastando municiones, nos estamos desgastando, y el enemigo tiene mayor fuerza ya. Ya ha metido bastantes unidades blindadas al combate y forzosamente tenemos que replegarnos para conservar las fuerzas. Es en ese repliegue que sale herido el comandante Germán Pomares, cuando estamos parapetados en unos matorrales a la orilla de la ciudad. Nos tiran una ráfaga bastante cerca, nos movemos del lugar, y parece que quedamos en la mira de un francotirador. Entonces es cuando nos tiran una ráfaga de M-16 y cae herido el comandante Pomares. Salió herido en el costado izquierdo, un 22 de mayo por la tarde. Él gritó: "¡Me mataron estos hijos de puta!", y desde entonces comenzó toda una lucha por no dejarse morir. Parece que la bala le atravesó el estómago y todo el aparato digestivo; es una de las heridas más peligrosas que hay, y no teníamos cómo darle ninguna atención médica. La columna que pusimos para tratar de sacarlo de ahí no podía avanzar mucho, y la herida era cuestión de hospital.

Él me decía que se estaba muriendo, y me comenzó a plantear el problema de la columna, de cómo asegurar su mando, no dejar que la tropa se desanimara, porque él sabía el golpe psicológico que era para la columna su muerte. Me decía que lo que más le dolía de morirse era no poder ayudarnos, ésa era su máxima preocupación. Porque decía que él ya había hecho todos sus años de lucha, que moría tranquilo, que muchos más habían muerto antes que él, y que sabía que sus hijos iban a estar bien. Lo que yo tengo grabado de las últimas pláticas que tuvimos fue su pesar de no estar para aportar en los momentos más importantes de la columna y la Revolución. Sentía que estaba perdiendo las fuerzas y nosotros le manteníamos la lucha por la vida, animándolo. El problema ahí fue de asistencia médica; prácticamente murió de hemorragia. El comandante Germán Pomares logró mantenerse vivo casi 24 horas, y murió al día siguiente.

EMMETT LANG: Yo me crié en Nueva Guinea. En aquellos tiempos eso eran montañas espesísimas, casi sin población, llenas de maderas preciosas: caoba, níspero, cedro. Era tal la importancia de aquella zona, que en aquel tiempo mi papá tenía cinco tractores y entraban veintipico de camiones. Mercedes Mora tenía cuatro tractores; Miguel Abdala, un cubano, tenía tres o cuatro, por nombrar sólo a algunos. Todos sacaban sólo caoba y cedro. Y había entre mil y dos mil trabajadores. Y ahora que entramos para la ofensiva, quince años después, me di cuenta de que no existía nada. Todo lo que era montaña, ahora es potrero, sin un árbol ni nada. Kilómetros de kilómetros de kilómetros despalados en sólo quince años. Es impresionante lo que hicieron las famosas Colonias del Llano que tenía Somoza, y su famosa reforma agraria. Se repartieron todas las tierras que tenían posibilidades ganaderas entre los oficiales, los coroneles, los generales, los allegados de Somoza, y se creó ahí una especie de anillo. Entonces fueron trayendo a campesinos de diferentes partes del país, y los fueron poniendo en el anillo, y ahí fueron abriendo finquitas parcelarias; después ellos mismos vendían en mil pesos las cincuenta o cien manzanas. Los campesinos empezaban a punta de machete los trabajos para sembrar maíz y frijol, y cuando ya estaba más o menos formado eso, llegaba la Guardia, el mismo coronel, les quitaba la parcelita y los mandaba más para adentro. Eso lo vi yo.

A esa zona entramos nosotros un 12 de abril de 1979, los combatientes del Frente "Jacinto Hernández." Mucho se ha hablado del "aventurerismo" de la incursión a Nueva Guinea, pero es porque no se tiene claro lo que se pretendía hacer allí. Nostros íbamos con la intención de atraer a la Guardia sobre nosotros. En el momento en que estábamos empezando ahí, se estaban dando acciones en Jinotega, y la Guardia estaba presionada con las acciones por todo el país. Se estaba dando una guerra general, y cuando movía sus tropas élites hacia nosotros nos daba la oportunidad de infiltrar tropas por el sur hasta Rivas, Masaya, Granada, Jinotega. Con eso logramos meter 97 combatientes a Rivas, que fueron los que hicieron la guerra ahí. Era tan importante nuestra fuerza, tan estratégica, que la Guardia le echó todo para terminarla rápido. Con eso mismo se demuestra que la incursión nuestra no fue una locura, fue una cosa objetiva. Porque la Guardia todo podía ser, pero eran buenos militares, de carrera, con cursos en Estados Unidos, y decidieron lanzarse con todo, y se nos vinieron encima.

Por eso fue que, sabiendo la importancia que debía tener Nueva Guinea, se metió ahí una columna con 120 gentes que eran, casi podría decir, combatientes élites. Cayeron en Nueva Guinea Óscar Benavides e Iván Montenegro, de los más valientes militantes que hemos tenido. Entró también "Domingo", Adolfo García Barberena, un viejo que tenía veinte años de estar metido en la lucha. Participó en la guerrilla de Chontales, fue comunista, fue un internacionalista tremendo. ¡Tenía 53 años y comandaba la vanguardia! ¡Todo un tipo! Grande, bien parecido, si se le quitaba lo canoso. Era poeta, pintor, radiotécnico, zapatero —que era su oficio original—, hacía de todo un poco —lo propio del obrero que le toca andar rodando mucho. Doña Iris, la señora de él, lo apoyaba totalmente para que se fuera a la montaña, y los hijos también. Tenía una familia increíblemente feliz. Llevaba rato de estar desconectado haciendo sus labores partidarias cuando lo contactamos nuevamente, y no tuvo mayor problema: tenía su taller de radiotecnia y lo vendió. Vendió su zapatería, le dejó todo a la mujer y se fue al monte de un día para otro.

En la columna también venían tres compañeras, y de una hay que hacer mención destacada, "Susana", Marta Conrado, de Jinotepe. Esta Susana era una cosa especial: era una mujer alta, bastante recia, morena, una combatiente insigne, ¡un soldado en todo! Era ametralladorista, y de las pesadas, era cincuentera y treintera. Llevaba una ametralladora treinta y la cargaba como el más pintado, aunque por lo general las mujeres cargan mucho menos peso. Se echaba su mochila y su fusil encima y se ponía a caminar tranquila. La columna nuestra llevaba dos Treintas. Incluso llevábamos un cañón. Nosotros entramos con tres bueyes, ¡eso es histórico! Y ahí llevábamos dos MAG grandes, dos MG42, como dos quintales de TNT, dos RPG2, obuses de RPG2, sacos de municiones y la antena coaxial para poder montar la comunicación por radio. O sea que íbamos bien preparados. Al comienzo no nos hacía falta esa comunicación. Traíamos varios equipos de "walkietalkie", pero el problema fue el coaxial. Una sola vez nos pudimos comunicar. Veníamos caminando, todo tranquilo, probamos el coaxial para decirle a "Palo Alto", la estación central nuestra, que estábamos bien, "PATRIA LIBRE O MORIR" que nos encontraríamos en la Plaza de la República. Posteriormente, cuando verdaderamente necesitábamos las conexiones, el asedio de la Guardia era máximo y para poner una antena hay que treparse a un árbol de tantos pies para arriba, montar el alambre, montar la antenita arriba del alambre y hacer toda una serie de ajustes. Así que la comunicación no la pudimos lograr nunca. Sin embargo, a nivel global la comunicación desempeñó un papel fundamental y determinante para la insurrección: para la información, para la propaganda armada, y para que todo el mundo se diera cuenta de lo que estaba sucediendo aquí en Nicaragua.

Nosotros pensábamos empantanar a la Guardia ahí: si se quedaban quietos, nos metíamos, si se metían, nos quedábamos o nos replegábamos. Y entonces, cuando se diera la insurrección, pensamos que ellos tratarían de reforzar las ciudades y nosotros podríamos subir hacia Managua. Pero nos equivocamos. Con la toma de Jinotega y otras circunstancias, creímos que la insurrección ya había llegado, y nos lanzamos de viaje directo hacia occidente. Ahí se nos vino la Guardia encima, y cuando nos dimos cuenta de que la insurrección no iba; que en Jinotega se habían retirado las tropas, nos quedamos ahí solos.

A nosotros nos venció el hambre. Si hubiéramos tenido comida, combatimos diario, porque mientras estuvimos peleando, la Guardia nunca, nunca, nunca pudo con nosotros. Después nos fue agarrando por grupitos, y ahí nos falló todo. Por la misma desesperación del hambre, pues. Al mismo Domingo lo agarraron en una trocha —¡un hombre con tanta experiencia! A Iván Montenegro igual, a la orilla de un camino, queriendo recuperar unos camiones. Yo me salvé con mi brújula, que nunca me la despego en el monte. Dije: "Al sudeste; nos vamos sin tocar casas, sin tocar caminos, no vamos a tocar trochas; puro monte, aunque nos dilatemos más." Y salimos tranquilos al cabo de 13 días. La Guardia nunca entró a las montañas. Pusieron sus retenes en los caminos y la gente desesperada iba saliendo y ahí la agarraban. De 120 que éramos, sólo logramos salir 20. Sin embargo, yo salí de Nueva Guinea plenamente convencido de que teníamos ganada la insurrección. Y los compañeros que murieron, murieron convencidos de lo mismo.

Por ahí tenemos presa a la cocinera del campamento donde la Guardia reconcentraba a todos los combatientes que iban cayendo presos. Dice que vio a Susana, a Domingo, y a cuatro o cinco combatientes más que no hemos podido identificar. La cocinera estaba ahí. Dice que Domingo arengó a los compañeros cuando la Guardia ya los tenía colgados de los pies a todos, y les explicó que ya la liberación estaba a corto plazo, que no se preocuparan, que la muerte de ellos era necesaria para el pueblo de Nicaragua. Luego la Guardia se ensañó con Susana. Ella estaba colgada, y le dijo al oficial que llegó a torturarla que la matara, porque si era una mano la que le quedara libre, esa mano iba a ser para combatir a la Guardia Nacional. Luego, según la cocinera, empezaron a arrancarle los pechos con una tenaza, y ella les dijo que la mataran, porque si la dejaban viva no iba a cejar nunca de luchar contra la injusticia, contra la Guardia. Después de eso, como la Guardia no la pudo quebrantar, parece que se la llevaron y la fusilaron. Por eso es que Susana era toda una mujer.

HUMBERTO ORTEGA: Cuando el 25 de mayo dimos la orden de pasar a la toma de El Naranjo, como parte de la ofensiva del Frente Sur, ya era tarde: la Guardia ya había regresado de Nueva Guinea. Se había producido el repliegue de Jinotega al no haber acciones nacionales, pero cuando se dio el repliegue de Jinotega, lo de El Naranjo ya iba para adelante, ya no se podía detener. Dijimos nosotros: "Si lo de El Naranajo fracasa va a ser muy difícil montar una nueva ofensiva militar", y fue cuando se le dieron todos los recursos militares posibles a los compañeros del Frente Sur encabezados por Edén Pastora.

A partir de las acciones ejemplares, victoriosas de El Naranjo, dimos la orden de la insurrección general porque ya no podíamos darnos el lujo de que nos sacaran de El Naranjo y no se diera la insurrección. Es así que se dio lo que ustedes ya conocen después de El Naranjo: el llamado a la huelga nacional. Hay que decir que ya para ese llamado nuestro pueblo tenía toda una práctica de lucha popular —de fogatas, manifestaciones en las calles, todo ese tipo de lucha ya había fogueado al pueblo, y el llamado a la huelga recibió un respaldo total. Hay que señalar que Radio Sandino desempeñó un papel trascendental, porque logró movilizar, agitar, llevar el mensaje de las consignas, de la lucha armada a todo nuestro pueblo.

La insurrección comenzó en Chinandega, pero salió mal. Continuó en León, y ahí las acciones del Frente Oriental "Rigoberto López Pérez" fueron las que desde el punto de vista militar nos definieron la guerra regular más claramente. La campaña de León comenzó de lo simple a lo complejo, de lo poco a lo mucho; fue ascendente hasta culminar en Managua. Fue quizá la experiencia militar más completa, más rica.

LETICIA HERRERA: En León nosotros arrancamos el 4 de junio con 36 escuadras de 5 hombres cada una, o sea 180 gentes que tenían instrucción militar; de gente que podía agarrar un arma. Y además teníamos milicianos. Diferenciábamos entre el combatiente propiamente dicho y el miliciano, que era el que iba a ayudar a cargar, a cavar zanjas, hacer buzones, barricadas, servir de correo y todas esas cosas. Teníamos 20 Garand, 72 FAL, 4 carabinas, 1 Hornet .22, 4 escopetas .16 y algunas pistolas y revólveres. Los milicianos iban solamente con picos, palos y garrotes, y lo más que llevábamos de parque era 120 tiros cada uno. Esas eran las armas para asaltar El Fortín —¡hay que ver que éramos temerarios! Nuestra mayor fuente de abastecimiento era la propia Guardia, y el pueblo eso ya lo sabía: que había que matar Guardias para obtener armas. Había que caerle a la Guardia en donde estuviera, y ellos prácticamente se mantuvieron encerrados en cinco puntos: a la salida de la carretera; en el cuartel de la cárcel "21"; en El Fortín; en el Comando Central y en el aeropuerto de El Godoy.

Para el sitio de León se integró un estado mayor nuevo: en Semana Santa habíamos perdido a todo el estado mayor original en el quiebre de la casa del barrio Veracruz: murieron allí Óscar Pérez Cassar, Roger Deshón, Idalia Fernández, Araceli Pérez Díaz, y Édgar Lang. El nuevo estado mayor lo formaron Dora María Téllez, María Lourdes Girón, Ana Isabel Morales, Leopoldo Rivas, Fanor Urroz, Mauricio Valenzuela y yo. De hecho, Polo Rivas y yo fuimos los que nos mantuvimos con hombres a nuestro mando, porque los demás compañeros estaban principalmente en tareas de coordinación y comunicación.

Nos tiramos, pues, a la insurrección. Contra casi 600 Guardias, más la aviación, por supuesto, que llegaba casi todos los días a bombardear. Lo que sí no permitimos desde el inicio fue que la Guardia relevara tropas: la única vez que lograron aterrizar un helicóptero fue cuando sacaron al comandante de la plaza, que lo habíamos herido.

El primer objetivo nuestro, justamente, por ser el más vulnerable, fue el aeropuerto del Godoy, que en realidad es una pista de aterrizaje para avionetas, fundamentalmente de fumigación, porque como ahí es una zona algodonera todos los agricultores tienen su avioneta. El Godoy lo usaba la Guardia para abastecerse. Tomamos la pista una vez, y la Guardia la volvió a retomar. Ya la segunda, nos costó más; ahí cayeron compañeros, la Guardia destruyó todas las armas antes de reacuartelarse en El Fortín, que quedaba cerca. Yo estuve a cargo de esa operación y la de El Fortín. Ése es un edificio de estructura colonial que en tiempos de la dictadura funcionó como cárcel. Por su misma solidez tardó en caer. Entonces, los siguientes puntos que le tomamos al enemigo fueron el comando y la "21". Los dos están en el centro de la ciudad.

Del comando, la Guardia se reconcentró en la "21", se hizo fuerte ahí. En la toma de la "21" sí mataron a varios compañeros valiosos, incluyendo a un compañero ecuatoriano y a Guadalupe Moreno. Cuando mataron a Guadalupe tuvimos que movernos rápidamente porque los combatientes que él tenía bajo su mando se querían lanzar indiscriminadamente contra la Guardia, y ahí íbamos a salir perdiendo: tuvimos que ordenar un alto al fuego.

Pasamos a lo sumo quince días combatiendo antes de consolidar una faja que nos permitiera movernos libremente. El cuartel general lo pusimos en Subtiava. Ya a principios de julio la gente se estaba organizando en los Comités de Defensa Civil, básicamente a través del Movimiento Pueblo Unido y con algunas orientaciones del estado mayor. El MPU surgió prácticamente durante la insurrección, y la Dora María fue la que se encargó de esa coordinación; por ejemplo con las cámaras de comercio, con las empresas, con la empresa eléctrica... A principios de julio, en los barrios consolidados con cuarteles nuestros la población civil fue normalizando un poco más su actividad. Teníamos incluso intercambio comercial con Estelí. Nosotros abastecíamos a Estelí de azúcar, arroz y aceite, y ellos nos traían café, cebolla, tomate y repollo.

A la Guardia se la derrotó por asedio: después de los primeros combates frontales ellos se reconcentraron en el comando y El Fortín, y ahí lo que hicieron fue garantizar cierta parte del barrio aledaño, lo que les permitía moverse entre los dos puntos; pusieron un pelotón de Guardias que nos mantuvieran la atención centrada sobre ese punto.

Cayó luego el comando. La Guardia lo desocupó y se pasó al Fortín y yo fui a inspeccionar. Lo primero que encontré fue a las señoras de Subtiava que habían caído presas antes de que empezara la insurrección. Estaban todas mutiladas, como que les habían metido una bayoneta en sus genitales. La hija tenía desfigurada la cara, con los brazos quebrados de viaje hacia atrás. La nuera estaba con varios tiros en el pecho. Yo las conocía. También estaba un señor tirado ahí, pero ése no lo conocía yo. A esa hora hubo que salir a avisarle al hijo mayor de la señora, que era el responsable de la bodega nuestra. Yo no hallaba cómo decirle que su mama estaba muerta y deshecha ahí. Y el compañero recibió la noticia con gran entereza.

Después fuimos avanzando poco a poco hacia El Fortín, haciendo pozos de tirador. La Guardia puso francotiradores en los torreones, y así perdimos a varios compañeros. Por un descuido nuestro, después de varios días de asedio, la Guardia logró salir el 7 de julio y nosotros nos dimos cuenta ya cuando ellos iban camino a las serranías. Les dimos alcance, logramos recapturar a algunos, y León se convirtió en la primera ciudad liberada de Nicaragua.

RENÉ VIVAS: Al poco tiempo de que Modesto bajó, ya tenía restructurada la red de comunicación, y para diciembre de 1978 comenzaron a subir radios y ametralladoras FAL y tiros, y en fin... se hizo un esfuerzo muy grande, acelerado ahí. Logramos una guerrilla de tiempo completo incorporada a columnas, y había otros compañeros campesinos que estaban incluso de tiempo completo en trabajo legal. ¡Esa gente era increíble! Dejó de sembrar, se le caían sus ranchos; estaban dedicados totalmente a la tarea de formar ese grupo.

Cuando nos tomamos los pueblos mineros de Bonanza y Rosita —las minas de oro que habían dejado casi destripadas los yanquis— se nos incorporaron como 250 jóvenes. Eso fue un 28 de mayo, y nos encontramos con el gran problema de que no teníamos botas que darles, uniformes, armas, y que además no los podíamos convencer de que se quedaran en sus casas. Porque nosotros nos dábamos cuenta del problema que era meterse a la montaña con 250 personas, más los 80 que éramos nosotros. Subieron hombres, mujeres, miskitos, sumos, chinos, negros, la gente de la costa atlántica, pues.

Claro que más de alguno se arrepintió después de la audacia, pero ya teníamos el termómetro que medía la efervescencia popular de la zona. Si conseguíamos armas, en pocas horas aparecía quien las empuñara. Claro que estos compañeros nuevos, que no tenían una cimentada base ideológica, política, se entusiasmaban mucho con los triunfos y a la hora de los reveses se desmoralizaban un tanto rápido. De allí que una parte de este tipo de lucha sea asegurar pequeñas victorias siempre, aunque sean modestas, pero constantes, para mantener ese entusiasmo un tanto emotivo e irlo transformando en convicciones arraigadas, que son precisamente las que hacen que los reveses se asimilen y se entiendan.

Cuando comprendimos que el centro de gravedad de la guerra se había desplazado de la montaña a las ciudades, la idea nuestra fue dispersar las fuerzas de la Guardia; atraer la mayor cantidad posible de Guardias a la montaña y liberar de esa presión a los compañeros del Frente Sur y del Frente Norte. Ya con la acción de palacio, nosotros habíamos comenzado a ver claramente que la montaña desempeñaba un papel complementario. Sin embargo, había que permanecer ahí: teníamos un compromiso grande con el campesinado de la zona, y además sabíamos que una condición para vencer al enemigo era su dispersión estratégica. Había otra cuestión importante en cuanto a la decisión de permanecer en la montaña: siempre estuvo presente la posibilidad de la intervención yanqui, y nosotros veíamos que una agresión del imperialismo necesariamente significaba un repliegue estratégico a la montaña. La brigada nuestra podía asegurar el repliegue del Frente Norte y de otras fuerzas urbanas a la montaña en caso de una agresión directa por parte del imperialismo, o por parte de estos ejércitos serviles a los intereses de los yanquis —el CONDEGA.*

HUMBERTO ORTEGA: En el Frente Sur hubo una guerra más larga de tipo convencional; ahí se produjo una confrontación militar porque no había masas. Ahí no hay ni poblados ni ciudades ni barrios; hay potreros, llanos, colinas montañosas, colinas peladas. ¡Era difícil avanzar! Era como una garganta con una sola carretera. Ahí hubo alrededor de 500 combatientes caídos; hijos del pueblo e internacionalistas también que llegaron a Costa Rica buscando el Frente Sur. Miles de nicaragüenses salieron hacia Costa Rica como resultado de la represión somocista, y llegaron al Frente Sur. No esperaban un mayor entrenamiento, sino que con gran entusiasmo y decisión iban a luchar inmediatamente a la primera línea y luchaban de pie. ¡Costaba trabajo detenerlos! Corrían por la carretera y avanzaban sobre el enemigo.

Así fue posible contener en el Frente Sur a lo mejor que tenía la Guardia, que eran las fuerzas élites de la Escuela de Entrenamiento Básico de Infantería: la EEBI. Si los compañeros del Frente Sur no hubieran logrado con-

* Confederación de Ejércitos Centroamericanos, integrado en ese momento por las fuerzas de Honduras, Guatemala, Nicaragua y El Salvador.

tener a estas fuerzas élites del somocismo, la Guardia las hubiera podido mover por el resto del país, y habría sido más difícil lograr la victoria. Por eso fue que ahí reconcentramos más cañones, más artillería, y además, porque era difícil meter cañones y morteros al resto del país. También hubo que tomar en cuenta la coyuntura internacional: en ese momento el país que más contradicciones tenía con Somoza era Costa Rica. Somoza le temía a Costa Rica y sabía que ahí los sandinistas se movían con más facilidad. También Panamá estaba al sur, y tenía contradicciones con Somoza. Por eso a Somoza le resultaba de interés estratégico cuidar más el istmo de Rivas y la parte de río San Juan. Sabía que en Honduras, en Guatemala y en El Salvador, los sandinistas no teníamos apoyo. Eso lo llevó a crear líneas militares mucho más consistentes en el sur, y para nuestras fuerzas resultó difícil traspasar aquellas barreras.

Para poder avanzar hizo falta que en el resto del país la Guardia se debilitara, como sucedió en efecto. El Frente Sur desempeñó el papel de retener ahí a lo mejor de la Guardia, pero no bastaba retenerla; había que destruirla toda. Las fuerzas en el resto del país fueron dispersando a la Guardia, y poco a poco, una vez dispersa, la Guardia se dividió: unos en León, otros en Masaya, otros en el sur, otros en el norte. Una vez dividida, aislada, no podía enviar transportes, ya no tenía gasolina para esos transportes; la insurrección de las masas y la anarquía creada no le permitían moverse, y se iba quedando estancada en cada punto. Las fuerzas del Frente Norte en las zonas montañosas de Jinotega, Matagalpa y Estelí también desempeñaron un papel bien importante al haber fijado parte de la fuerza enemiga en esos puntos. Junto con las fuerzas de Chontales al final de la guerra pudieron avanzar hacia el aeropuerto de Las Mercedes y posteriormente hacia Managua. Por allá, más al norte, las fuerzas guerrilleras lograron distraer al enemigo y tomarse las poblaciones del departamento de Zelaya.

Sin embargo todo este movimiento militar estuvo encaminado por parte del sandinismo a apoyar un instrumento que le sirviera a las masas para golpear al enemigo. No fue con los destacamentos armados que se tomó el poder; fue con la participación violenta de las masas que contaban con el instrumento militar que les daba el Frente Sandinista. Esto es muy importante, porque si el triunfo estuvo determinado por la correcta vinculación entre la participación violenta de las masas y la conducción de su vanguardia, si hubo una verdadera conjugación entre ellas en esta situación, esta conjugación debe seguir existiendo para consolidar una guerra que todavía no hemos ganado. Nosotros hemos ganado una batalla de una guerra: ganamos la batalla para tomar el poder, para desplazar al somocismo, pero tenemos un guerra en frente para alcanzar nuestro objetivo histórico: la reconstrucción de nuestra patria para conquistar los elementos que permitan nuestra definitiva y total liberación económica, política, social y cultural. Tenemos una gran batalla por delante, y si no mantenemos una conjugación entre las masas y la vanguardia, como la que tuvimos para ganarle al somocismo, si la vanguardia se va por un lado y las masas por otro, si no hay una interrelación entre nosotros, no vamos a poder ganar las complejas y duras batallas que tenemos hoy por delante.

JAVIER CARRIÓN: La columna "Oscar Turcios" que estaba bajo el mando de Germán Pomares fue una columna de origen bastante particular; no respondió propiamente al trabajo de Matagalpa, sino que se fue conformando en el departamento de Nueva Segovia. Pero por los mismos acontecimientos de la guerra, por la misma coordinación que se fue dando entre las diferentes fuerzas, Matagalpa se fue proyectando como una zona de operaciones nuestra. Sin embargo, en los últimos meses de la guerra ya no se podía pensar en establecer una zona de operaciones permanentes para determinada columna. Es así que se produjo una coordinación de la cual surgieron la toma de Estelí por la columna "Filemón Rivera" en Semana Santa, la toma de Jinotega en mayo, y finalmente la incursión de las columnas de las fuerzas conjuntas de los compañeros de la GPP e Insurreccionales en Estelí y las columnas de las tres fuerzas en Matagalpa.

Básicamente podemos señalar que el trabajo preinsurreccional que se hizo en Matagalpa fue un trabajo impulsado por la dinámica propia de la revolución: es decir, no fue un trabajo coordinado.

Cuando nosotros nos retiramos de Jinotega, planteamos el contacto con los compañeros de la "Crescencio Rosales" de la Tendencia GPP en Matagalpa, porque tenemos conocimiento del trabajo de ellos ahí. Contactamos también a los compañeros de la Tendencia Proletaria. Desde el punto de vista estratégico existía la orientación de que era fundamental atacar Matagalpa, y el 5 de junio ya nosotros estábamos cayéndole al enemigo ahí.

Cuando nosotros nos planteamos la insurrección, ya no se habla de tendencias sino de fuerzas sandinistas. Cuando se hace el plan de ataque a Matagalpa ya se sabe que en tal barrio hay más fuerzas de una tendencia que de otra, que en otro barrio, la Tendencia Proletaria ya tiene a más gente organizada, que los compañeros de la GPP tienen tal cantidad de armas, etc. Entonces el plan ya estaba, pero el problema era que no había ninguna estructura militar fuerte adentro de la ciudad: no había armas, sólo algunas armitas. En el barrio Guadalupe, por ejemplo, había dos o tres pistolas y una .22, y eso era todo. Cuando entró nuestra columna a Matagalpa andábamos 110 tiros cada uno en promedio. Adentro de Matagalpa, en las estructuras internas, había como 10 FAL y unas cuantas pistolas .32.

La Guardia había optado por centrarse en algunos puntos estratégicos y montar todo un sistema defensivo en ellos: la iglesia San José, el colegio Santa Teresita, el colegio San Luis, la catedral, el parque y el cuartel.

Pero cuando nosotros hicimos acto de presencia contra la Guardia, algunos de sus puntos fuertes quedaron completamente aislados. Así que en la primera semana nosotros dominamos el colegio y la iglesia San José. Posteriormente pudimos ir avanzando hasta que las últimas semanas de la guerra la Guardia estuvo concentrada exclusivamente en un cerro desde el cual morteraban y dominaban la ciudad, pero sin poder incursionar adentro.

La guerra prácticamente se ganó por la participación del pueblo, sin eso, nosotros no hubiéramos hecho gran cosa. Teníamos casos de compañeros jóvenes que andaban desarmados pero que no los podíamos mantener detrás de las líneas. Se iban por la libre, no conocían bien las fuerzas del enemigo, se iban con algunas armas menores y muchos de ellos caían. Entonces, en la primera etapa, la participación de la población fue en el apoyo directo a la lucha militar: la participación combativa, la obtención de comida, casas, correos, construcción de barricadas. Fue una cuestión nunca antes vista: la masividad de esta insurrección. Ahí uno se encontraba desde los chavalos que andaban todo el tiempo tras uno, hasta las señoras de 60 años que andaban ahí, dándole ánimo a la gente: que si nos daban fresco, que si nos daban comida, que si nos preparaban un cafecito... Y si no tenían nada te decían: "Pues aquí estamos." Y uno se las encontraba a las diez, once de la noche, paradas en las puertas: "Aquí estamos vigilando," decían. O sea, aquí estamos apoyando, aquí estamos presentes, pues. No había luz, estaba todo oscuro, no había nada que hacer, no había ninguna tarea pero la gente estaba en la puerta de su casa, porque ese sentimiento de apoyo a la revolución era el sentimiento que ellos tenían para estar ahí.

En la segunda parte de la insurrección, ya cuando teníamos prácticamente reducido al enemigo y todos teníamos el problema del bombardeo, la destrucción de la ciudad y la Guardia reconcentrada en el cerro del Calvario, optamos por darle una participación más amplia al pueblo de Matagalpa. Se conformó lo que entonces se llamó una Junta de Coordinación con compañeros escogidos entre los dirigentes del lugar, para comenzar ya a plantear el trabajo político organizativo de la ciudad. Entonces se organizó el hospital civil-militar, se organizó el racionamiento y la distribución de la comida; la Junta se encargaba de traer la carne y repartirla a través de los comités de defensa, lo mismo que el arroz, los frijoles, lo poco que había. Hicimos un viaje a León por la carretera vieja y trajimos azúcar y dinamita, que no teníamos. En julio ya había un dominio nuestro sobre el principal territorio de Nicaragua y podíamos traer azúcar y mandar granos, por ejemplo. Ya la población civil participaba directamente en el control y la organización de la ciudad.

La participación de todo nuestro pueblo realmente fue excelente, y si nosotros no pudimos derrotar más rápidamente al enemigo fue por la falta de municiones: de los 100 tiros que teníamos, llegamos a tener 10, 15, 20 en cada fusil. Realmente estábamos en un punto crítico ya, cuando nuestra Fuerza Aérea Sandinista comenzó con sus días heroicos, y llegó a darnos la ayuda que necesitábamos. Incluso aquí fue problemático porque estaba lloviendo, estaba muy nublado. Se hicieron tres viajes frustrados hasta que en el cuarto intento se dijo bueno, volemos de día, y a las cuatro de la tarde vinieron ya las primeras municiones que nos comenzaron a dar un respiro. Habíamos pasado varios días en mantener el cerco solamente, y ya cuando nos vino el apoyo logístico comenzamos a eliminar completamente al enemigo; éste se retiró de la loma del Calvario el 17, y el 18 se fue a rendir a Jinotega. Doscientos Guardias que había ahí en el Calvario, se fueron a rendir a Jinotega.

MOISÉS HASSÁN: El día 4 de junio el Frente Sandinista de Liberación Nacional hizo el llamado a la huelga general en el país, e inmediatamente los compañeros que integrábamos la dirección del Movimiento Pueblo Unido y el Frente Patriótico Nacional —Julio López, Marcos Valle y yo— fuimos a reconcentrarnos a una casa de seguridad. Realmente el llamado llegó en el momento oportuno, porque la tensión de todos los que andábamos haciendo el trabajo político en las calles de Managua ya era enorme, ya que en cualquier momento podíamos ser asesinados por la Guardia somocista. De manera que cuando se nos hizo el llamado para reconcentrarnos nos sentimos quizá las personas más felices de la tierra.

El 11 de junio, Mónica Baltodano nos pasó la instrucción de trasladarnos a lo que había de ser la "zona liberada" de Managua, donde estaríamos a cargo de la dirección política del Frente Interno. Efectivamente, penetramos el 11 a la zona, y ya por la colonia Máximo Jérez el pueblo estaba completamente insurreccionado. Quizá es el recuerdo principal que tengo de todos los días que pasamos allí, el recuerdo más vivo; las callejuelas estrechas y lodosas de la colonia, y todo el pueblo alborozado yendo de un lado para otro, excitado, abriendo zanjas, abriendo trincheras, poniendo obstáculos en las calles... Los compañeros que íbamos ahí ante semejante actitud del pueblo nicaragüense, sentíamos que verdaderamente se nos paraba el pelo de punta de la emoción ante los acontecimientos que se venían. En el caso mío el sentimiento estaba mezclado también con una gran sensación de impotencia, una gran sensación de lástima por aquella gente al ver sus trincheritas que eran incapaces de detener un camión, la gente armada con garrotes, botellas, alguna que otra pistola y eso era todo... centenares de personas dispuestas a enfrentarse a la Guardia de Somoza con semejante equipo. Cuando veían que entrábamos, se reconcentraban y nos pedían armas, y recuerdo que nos sentíamos muy mal cuando teníamos que mentirles para calmarlos; decirles que no teníamos armas en ese momento pero que probablemente más tarde iban a poder llegar.

Atravesamos todo el barrio de El Dorado y encontramos que antes que nosotros había llegado el mando político-militar del Frente Interno, encabezado por William Ramírez, Joaquín Cuadra y Carlos Núñez. Además, ya estaba el mando militar: Oswaldo Lacayo, Mónica Baltodano y Raúl Venerio. Cada nivel de mando tenía un representante de cada una de lo que habían sido las tres tendencias del Frente Sandinista.

CARLOS GUTIÉRREZ: Yo soy taxero de profesión. Cuando comenzó la insurrección, por ahí del 6 de junio, pasaron los compas como a las cinco de la mañana, y yo salí al portón porque tenía el carro ahí. Entonces dijeron que todos los que éramos consecuentes con la revolución nos saliéramos a hacer barricadas. Ellos usaban pistolitas .22, botellas de gaseosa, machetes, y entonces nosotros, inspirados en ese valor que los muchachos tenían salimos a hacer barricadas, a hacer todo. En ese momento nos inspiramos todos los del sector, y todo el mundo cooperó con vidrios, con lo que se encontraba en las casas: vidrios, clavos, se hicieron tablas con clavos y se tiraron a la calle, agarramos piochas, picos, y bueno, ahí era una cosa final que ya estábamos decididos a derrocar a la dictadura. Ya a los tres días de esas cosas, la Guardia nos acechaba, y entonces los niños, las familias, comenzaban a salir de sus casas gritando, pero no era de miedo que gritaban, sino pidiendo armas —querían armas, pues.

Las armas no llegaban, y los muchachos en las barricadas siempre seguían haciendo sus postas con sus fusiles .22 y un tiro nada más. Nos inspiraba el valor de ellos, y nosotros, los mayores, nos armamos con machetes y así comenzamos a patrullar las calles.

MOISÉS HASSÁN: Fue un trabajo intenso el organizar a la gente en lo que antes llamábamos Comités de Defensa Civil —lo que ahora son los Comités de Defensa Sandinista— para preparar a la gente en lo moral, político y militar para la insurrección. En los barrios de la clase media que quedan dentro de la zona oriental de la ciudad ocupada por el Frente, resultaba más difícil convencer a la gente de que aportaran sus energías para ir a cavar una trinchera en la madrugada; en cambio, en los barrios populares como Ducualí, Meneses y María Auxiliadora la respuesta de la gente era realmente espontánea y nosotros solamente teníamos que canalizarla.

Vinieron días en que la Guardia trataba de penetrar siempre detrás de una tanqueta. Su moral combativa era tan baja que aun así eran rechazados frecuentemente. Otra forma de ataque, por supuesto, era el aéreo: pasaban los aviones push-pull, los jet T-33 todo el día, hasta las cinco o seis de la tarde cesaba el bombardeo. Posteriormente desarrollaron dos técnicas que eran más efectivas: una era la de lanzar barriles llenos de gasolina con una mecha prendida desde un helicóptero; y la otra, que era la peor, eran las bombas de 500 libras lanzadas también desde el helicóptero. Eso sí llegó realmente a aterrorizar a la población; ver que llegaba el helicóptero buscando blancos, tratando de estabilizarse en el aire para escoger dónde dejaban caer la siguiente bomba. Eran bombas que abrían huecos pavorosos, de dos a tres metros de profundidad y ocho a diez de diámetro. Con las ondas expansivas de esas bombas cualquier cosa se convertía en charnel —pedazos de concreto, madera, acero, que volaban a una cuadra de distancia. En ocasiones llegamos a ver grupos de hasta diez casas contiguas destruidas por una sola de esas bombas.

La otra arma que empleaba la Guardia era el mortero. Probablemente a causa de la gran cantidad de infiltrados que tenían ellos en nuestra zona, conocieron la ubicación de nuestros cuarteles y enfilaban su fuego hacia allí. Recuerdo que un día la Guardia estuvo haciendo propaganda psicológica en el barrio El Dorado, diciéndole a la gente que se fuera, que la Guardia iba a penetrar, que los subversivos se iban a rendir. Luego, a la noche reforzaron esa propaganda psicológica con más morteros que nunca: desde la una hasta las tres y media de la madrugada, según un compañero que se tomó el trabajo de contarlos, lanzaron alrededor de 90 morteros en una zona que en realidad es muy pequeña.

CARLOS GUTIÉRREZ: A los quince días de la insurrección, la Guardia comenzó a acercarse al sector; venían matando a la gente por el lado de San Judas, bien cerca ya; y la gente venía corriendo como loca, desesperada porque venían matándolos. Los niños desnudos, descalzos, corriendo con sus rostros que de viaje reflejaban el horror, pues. Las bestias ya tenían instaladas unas tanquetas que no sé si les dicen de 105 ml., "múltiples", que les llaman, y comenzaban a tirar indiscriminadamente. Eso fue un horror.

No había luz, no había agua, defecábamos ahí mismo, tenía a mis cinco niños bajo un colchón hirviendo de calor en una esquina. Ellos estaban desesperados, traumatizados, no podían oír un ruidito porque ahí eran los gritos, pero eso me daba más valor. Mi mujer me decía que saliera a luchar, que ella iba a cobijar a mis hijos. Nos robamos un pollo del vecino, porque ya teníamos diez días de no comer; mis niños ya comenzaban a dar lástima: pero eso era parejo para todos; todos estábamos así. Cuando estábamos cocinando el pollo nos dispararon y corrimos a refugiarnos —dejamos el pollo allí hasta que se nos quemó, pues.

MOISÉS HASSÁN: Comenzó un éxodo masivo de la población, que aunque se había solidarizado con la lucha, ya estaba desesperada como consecuencia del bombardeo y los morteros. Por ese tiempo, la Guardia comenzó a tener un poco más de éxito en sus ataques a la zona de El Dorado. Hay que señalar que una de las grandes dificultades a las que se enfrentaba la lucha era la carencia de municiones. Teníamos casi exclusivamente lo que se lograba recuperar de la Guardia en los combates, y finalmente las municiones del Frente llegaron a un nivel tan bajo que había muchos fusiles de combate sin municiones y otros con 10, 20, 30 tiros. Cuando la situación ya había llegado a un extremo desesperante, los compañeros del mando político-militar nos dijeron que esa noche iba a llegar un avión con municiones. Nos dedicamos a la tarea de construir hogueras en las calles principales al filo de la madrugada para que el avión pudiera, si no aterrizar, por lo menos guiarse para arrojar las municiones. Recuerdo que el avión estaba programado para llegar a las dos o las tres de la madrugada y finalmente apareció como a las cinco. Estábamos desesperados pensando que no iba a llegar ya y que ese día la Guardia iba a poder entrar sin ninguna resistencia. Cuando el avión llegó, recuerdo que estaba con Julio López y los dos salimos desesperados, como locos, pegando gritos, porque los compas, al ver a un avión que estaba descargando paquetes, pensaron que era un enemigo y empezaron a tirarle, y nosotros a la carrera, diciéndoles que no tiraran. Por fin se logró controlar la situación, el avión descargó la munición, pero el compañero no había podido acercarse mucho por temor al fuego —en este caso el fuego amigo— y las municiones quedaron bastante dispersas.

Ese día, inmediatamente después, recogimos los paquetes que pudimos encontrar y nos dimos a la tarea de ver aquellas municiones y clasificarlas. Recuerdo que el 50% estaban dañadas por el impacto, pero de todas maneras nos sentíamos felices, sentíamos que habíamos prolongado nuestra lucha y nuestra supervivencia por algunos días más. Después de que terminamos ese trabajo nos fuimos Julio y yo a bebernos una botella de champaña que habíamos logrado recuperar de una casa de El Dorado.

Como a finales de la segunda semana de la insurrección, nos dimos cuenta de que la lucha había agarrado un cariz defensivo, y que no era la guerra que nosotros podíamos llevar a cabo. Se pensó en realizar una acción masiva entre las fuerzas organizadas del Frente, las milicias y el pueblo, y tratar de tomar la central de policía. No se tomó esa determinación y se pensó que se podía resistir un poco más y se continuaron las acciones pequeñas de tipo ofensivo. Pero al fin y al cabo nos dimos cuenta de que tampoco teníamos capacidad para obtener ningún éxito espectacular con este tipo de acciones. Veíamos que los compañeros milicianos que en los primeros días se contaban por miles, poco a poco, ante la crudeza de los combates y la falta de municiones para las armas irregulares que andaban, comenzaron a abandonar el terreno y a dejarnos en poder de una zona oriental que estaba cada vez más vacía. Vale la pena anotar que cuando el Frente Interno tomó la zona oriental de Managua, las instrucciones eran de resistir tres o cuatro días haciendo una guerra defensiva, hasta que las columnas guerrilleras del Frente Norte o Sur o de los otros Frentes pudieran converger sobre Managua. Eso nos sucedió y al cabo de 19 días estábamos al borde del colapso.

Se tomó la determinación de salir e iniciamos una actividad febril para que el enemigo no tuviera tiempo de darse cuenta de que pensábamos replegarnos; al mismo tiempo que tratábamos de prevenir a la población y de tomar algunas medidas para transportar a nuestros heridos. Improvisamos unas cuarenta camillas que sirvieron para transportar a otros tantos heridos. Recuerdo también que hicimos unos cálculos iniciales de que en el repliegue saldrían como máximo unas mil personas. En la práctica fueron casi seis mil las que salieron.

Empezamos a salir a las seis de la tarde, divididos en tres secciones: vanguardia, centro y retaguardia, y acabamos alrededor de las 11 de la noche, dada la desorganización que existía por la inmensa cantidad de gente que no quería quedarse ahí cuando la Guardia llegara. Indudablemente que la población que todavía quedaba en la zona era la que más había colaborado abriendo zanjas, montando barricadas, llevándonos café, y por supuesto esa gente tenía miedo de que algún oreja los hubiera detectado y los fuera a denunciar. Aquello fue un desorden: fumaban, hablaban a gritos, se movían, y nosotros constantemente estábamos tratando de mantener el orden.

El repliegue comenzó en esas condiciones, y aquí lo único que se puede afirmar con toda seguridad es que si la Guardia no nos detectó con esa muchedumbre ruidosa, desordenada, indisciplinada, fue sencillamente porque no quiso detectarnos. Allí se demostró una vez más la poca moral combativa de la Guardia: prefirieron no ver a esa muchedumbre, en su inmensa mayoría desarmada, cargando sus motetitos de ropa en la cabeza, guiados por un máximo de trescientos combatientes armados. Claro que además había aumentado el número de combatientes en esos días a medida que se fueron recuperando armas —de los 130 que entraron originalmente, salieron alrededor de 300.

Aun así, el número de guías para tal multitud era insuficiente, de manera que hubo grandes cantidades de gente que se desperdigaron y que de repente se encontraron caminando sin saber para dónde. Salimos por la carretera norte y dimos la vuelta por Tipitapa hacia Masaya, caminando en la oscuridad, por caminos estrechos y lodosos, por campos arados, por el borde de la laguna. Así, mientras el grueso de la gente llegó al día siguiente a las seis de la tarde, hubo algunos contingentes que se tardaron un día más en llegar.

Indudablemente que con el repliegue a Masaya, con la llegada de este gran contingente de combatientes desde Managua, la defensa de Masaya se fortaleció de tal manera que se volvió prácticamente inexpugnable. Después de unos días de descanso se pasaron algunos contingentes a combatir a Jinotepe; se tomó Jinotepe, se fortaleció Diriamba, que ya estaba tomada y prácticamente se creó un cordón dominado por el Frente Sandinista que cortaba la comunicación por tierra entre Managua y el Frente Sur, con el consiguiente debilitamiento del Frente Sur.

CARLOS GUTIÉRREZ: Cuando dieron la orden de retirada, yo me fui a refugiar a una iglesia que queda como a unas tres cuadras del sector. Aquello era doloroso: los niños enfermos en el piso, y ni las monjas prestaban sus servicios, porque ellas también tenían miedo. Los varones se escondían de las "bestias" detrás del altar; pero un día la Guardia no se aguantó, y entró en la iglesia un convoy a sacar a todos los varones. Dijeron que nos iban a fusilar, pues, pero los bandidos mejor nos pusieron delante de una tanqueta; íbamos avanzando por el barrio delante de la tanqueta, limpiando barricadas.
 De ahí me fui a refugiar a la Cruz Roja, pero no me dieron lugar porque estaba atestado; ni la Cruz Roja Internacional se daba abasto. Allí, entraba la Guardia y cada familia tenía que estar en su lugar designado. Al que hallaban sin familia lo identificaban como guerrillero y eso era su sentencia de muerte. Yo me llevé a algunos compas que estaban allí con mi familia al seminario: yo creo que había por lo menos unas 15 000 personas refugiadas.* Ahí llegamos en el taxi: parecía turco, con los colchones viejos, siempre mis mismos colchones viejos, porque siempre nunca he tenido nada, soy pobre, pues. Y la estufa... todo montado encima del taxi.
 Allí llegaban los compas al seminario a dejarnos azúcar, de las granjas nos llegaban a dejar pollos, pero cuando se terminó eso, la gente comenzó a desesperarse —si aquello era horroroso, pues: la materia fecal se revolvía con nosotros por las lluvias, y nosotros durmiendo debajo de un palo y nos mojábamos todos. Pero para nosotros cualquier sacrificio era mínimo ya, por todo lo

* El censo extraoficial del seminario llegó a calcular más de 45 000 personas [A].

que habíamos visto. Hubo un caso que no se me va a olvidar nunca, de un padre que llegó sólo a caer allí, con el pecho desbaratado, cargando a su niña que estaba en agonía. Ahí cayó de rodillas, pero se logró salvar a la niña. Eso me conmovió demasiado ya. Ya era tal horror ver cómo entraba la Guardia: "Vamos a ver cuántos heridos hay aquí. ¡Ajá, hijueputa, no jodás que estás herido! ¿Así que te heristes? ¡No papá... vos sos guerrillero... a ver, vení para acá!" Y lo agarraban de la faja y lo arrastraban: "¡Ajá, hijueputa, a ver, cantáme ahora 'El pueblo unido jamás será vencido'! ¡No se canta así, hijueputa! Se canta así: El huevo podrido jamás será vencido. ¡A ver, cantá ahora, hijueputa!" Haciendo chacota de nosotros, pues. Les daban puntapiés, tirones, les arrancaban las uñas; nosotros vimos varios casos. Cuando yo salía a buscar qué comer en los últimos tres o cuatro días, siempre encontraba muertos. Una vez vi unos que arrastraron del pelo como una cuadra, con los pies desbaratados y los perros comiéndoselos.

Yo desde antes ya cooperaba con el Frente. Una vez discutía con uno de la empresa privada; le decía: "Esta insurrección viene y nos va a liberar." "¡No hombre, qué va a venir! Para qué querés guerra, ¿no tenés carro? ¿No estás bien? Esto tiene que ser una cosa en paz." Pero no era sólo yo. Yo me acordaba de esas fajas del barrio de Acahualinca, donde los niños escarban la tierra buscando lombrices para cebo, buscando entre la basura, entre las tripas del matadero, y cómo hiede eso. Y yo le contestaba a aquél: "No podemos más. Yo quiero la lucha armada. Ya es demasiado muerto. A estas alturas ya llevamos 30 mil muertos; a cada rato aparecen en la Cuesta de Plomo, en Jiloá, en Veracruz, en el camino a Jocote Dulce. Yo los veo porque trabajo 16 horas diarias en un taxi porque no tenemos turnos; no es teoría que me platican cuando estoy en un aire acondicionado o cuando lo leo en un periódico. Yo lo ando observando y me conmueve." Y así quedó demostrado, pues, cuando estaba la represión en su punto más vivo. Así fue que pasamos los últimos días, y como yo ya no tenía nada que dar, por último me fui a donar sangre a la Cruz Roja. Así quedó constado en una cartilla que conservo.

SERGIO RAMÍREZ: Yo creo que los yanquis se dieron cuenta de que la Guardia estaba derrotada cuando comenzaron a presionar porque la Junta de Gobierno se ampliara con dos miembros más, sugeridos por ellos, ya que era la única manera que les quedaba de influir en los acontecimientos. Lo único a lo que ellos aspiraban ya era a salvar una parte de la Guardia Nacional —un cierto sector de la Guardia que no tenía las manos tan manchadas de sangre. Yo recuerdo que cuando estábamos en San José de Costa Rica los cinco miembros de la Junta designados por el Frente, comenzamos la segunda ronda de conversaciones con el señor Bowdler, que duró todo el mes de junio. Un día el señor Bowdler nos preguntó si queríamos hablar con un viejo militar que se había ido hacía mucho tiempo a Guatemala a trabajar con el CONDECA, o no sé en qué oficina burocrática.

En ese tiempo se estaba hablando de que hubiera un jefe de estado mayor de la Guardia Nacional que arreglara el surgimiento del nuevo ejército con el Frente Sandinista, y nosotros tácticamente insistíamos en que era posible que una parte de la Guardia se incorporara al nuevo ejército nacional, y hablamos con este señor. Estados Unidos pensaba que a través de maniobras como ésta podían darle prestigio a un sector de la Guardia Nacional, pero aquí se trataba de una correlación de fuerzas, y la correlación de fuerzas para ellos era totalmente negativa.

En los últimos días, Bowdler, nos decía que qué día queríamos nosotros que renunciara Somoza, porque en sus manos tenía la renuncia de Somoza. Entonces nosotros fuimos retrasando la fecha mientras acabábamos de consolidar nuestras fuerzas; el Frente Nororiental, que dirigía Luis Carrión, tenía que avanzar desde la región del Rama hasta Juigalpa y Boaco; las fuerzas de León tenían que contraatacar unos bolsones de Guardias que todavía quedaban en Chinandega, para poder tomar Puerto Somoza, y se tenía que consolidar el dominio de Matagalpa y Estelí para poder bajar hasta Sébaco, que es un cruce estratégico.

El arreglo original con Bowdler era que la Junta de Gobierno iba a viajar directamente de San José a Managua, y que en el aeropuerto iba a ser recibida por monseñor Obando y Bravo mientras Urcuyo partía en otro avión. Bowdler insistía en que Urcuyo le entregara la banda presidencial a la Junta de Gobierno, y nosotros nos negamos porque dijimos que eso era un payasada. El plan de Estados Unidos era que Urcuyo dijera un discurso y nosotros contestáramos con otro, para que apareciera todo, según sus palabras, como "una transferencia ordenada del poder", y que ellos quedaran como una especie de árbitro de la transferencia.

Somoza se fue a las 12 de la noche del 16 de julio; pero en realidad cuando se fue Somoza, Estados Unidos no tenía prevista la maniobra de Urcuyo, y yo tengo la impresión de que ésa fue una maniobra del propio Somoza, que en realidad nunca le dijo la verdad a Urcuyo, sino que le dijo que realmente se iba a quedar con el poder. Entonces, el 17 nosotros estábamos en el aeropuerto de San José, con todos los cancilleres del Pacto Andino. Hubo una ceremonia oficial en la que el presidente Rodrigo Carazo nos fue a despedir; estaba programada una reunión con el coronel de la Guardia Nacional en Punta Arena para arreglar la cuestión del traspaso militar y Urcuyo anunció que no renunciaba; que se quedaba. El presidente Carazo, con muy buen juicio, insistió en que nosotros no debíamos quedarnos en Costa Rica y nos facilitó los medios para que saliéramos en dos avionetas el 17 a media noche hacia León. Eso desconcertó todavía más a los yanquis, porque no esperaban que diéramos ese paso de viajar hasta León, y ahí se acabó todo el juego norteamericano. Ya en el transcurso del día 17 se había rendido Jinotega sin sangre, se había rendido Boaco, se había peleado muy poco en Juigalpa y se había rendido —había caído— Puerto Somoza; los blindados de las columnas de León habían logrado llegar hasta las afueras de Managua, y una columna del Frente Norte al mando de Henry Ruiz se había desprendido de Matagalpa y venía bajando hasta Boaco.

MOISÉS HASSÁN: El 19 de julio en la mañana yo iba hacia Granada, cuando me encontré en el camino a William Ramírez, que me dijo que me preparara para salir a Managua desde Granada. Ahí, Joaquín Cuadra y Oswaldo Lacayo ya se habían tomado el cuartel de La Pólvora, y desde ese punto se fue organizando la salida simultánea desde Granada, Masaya y Carazo. Luego se sumaron las fuerzas que venían ya desde el Frente Sur y el Frente Sudoriental, y se formó una columna muy larga con camiones, ametralladoras, contingentes de compañeros armados, que empezó a entrar muy lentamente a Managua a eso de las tres de la tarde. Eso es imborrable: el júbilo de la población agrupada a todo lo largo de la carretera, brincando de entusiasmo durante ese primer desfile de las fuerzas sandinistas.

Esa noche, estaba yo en la entrada del hotel Intercontinental viendo la lluvia, cuando me avisaron que debía trasladarme al aeropuerto para viajar a León. En León estaba parte de la Dirección Nacional del Frente, estaban muchos de los que ahora se encuentran en el estado mayor del Ejército Popular Sandinista, y un montón de compañeros más. Volaron hasta Managua Sergio Ramírez y doña Violeta de Chamorro, y estuvimos un rato ahí con los periodistas. Luego nos fuimos en el avión los tres, con René Núñez.

HUGO TORRES: En la guerra se me asignó la responsabilidad en Honduras: logística; paso de gente; consolidación y extensión del trabajo de solidaridad en Honduras para neutralizar a los sectores más reaccionarios del ejército y de la burguesía prosomocista en el país. Realizamos una buena labor; entre las tres tendencias se hizo un amplio trabajo. Ahí nos coordinamos bastante, los problemas que se dieron fueron mínimos. El grado de cooperación era por ejemplo: necesito tiros, préstamelos, después te los devuelvo; o: préstame armas y te las devuelvo; o: necesito una pista para un avión... cuestiones de ese tipo.

Lo que más metíamos al Frente Norte eran armas, porque hombres ya no querían. Nos mandaban decir: "Mándenos más armas, que tenemos gente desarmada," ¡Y ahí era la angustia! Aquel Rubén pidiendo armas, aquel René pidiendo armas, Occidente pidiéndonos... Entonces teníamos que explicar: "Hermano, ayer se fue un viaje para tal parte; iba tal y tal cuestión" —para que vieran que no era cosa de uno, pues. Metimos miles y miles de tiros; ahí conseguimos la mayor parte del sistema de comunicaciones que se usó en la guerra. ¡El trabajo en Honduras fue un trabajo grande!

Ya a finales de la guerra yo salí para Costa Rica para preparar un viaje de armas que bajara a Honduras, y luego, con todo el equipo de gente caerle a Somoto y Ocotal, que eran lugares donde no había mayor trabajo —todo estaba concentrado de Estelí hacia adelante. Le di instrucciones por radio al equipo de compitas de que le cayeran a Somoto, pero no hubo necesidad de combatir: se entregó la Guardia. Estando en Costa Rica, alisté el viaje de armas, y ya no hubo tiempo de mandarlas. Me vine en el avión presidencial mexicano para Managua —con William Bowdler— cuando oí en Radio Sandino que me estaban mandando llamar. Cuando llego aquí me dicen: "Ve, te nombraron viceministro, del Interior." ¿Cómo? Luego me aclararon que era jefe de seguridad del Estado. ¡Peor! Y aquí estoy.

SERGIO RAMÍREZ: Pasamos en León todo el 18 y el 19; fue una decisión que se tomó en León, porque era necesario que el Frente Sandinista consolidara el dominio sobre Managua; se temía que pudiera haber mucha anarquía con la entrada de la Junta. Esperamos hasta que las columnas del Frente Sur, que eran las mejor armadas, estuvieran acampadas aquí en Managua. Ya las columnas de Masaya y Carazo estaban también aquí, las columnas de León habían entrado, las del Frente Norte tenían consolidada la zona del aeropuerto, y el 20 vino la Junta de León a Managua en una caravana que llegó como a las diez de la mañana al empalme de la carretera nueva a León. Nos trajimos a monseñor Salazar desde León con nosotros, y me parece que veníamos montados en un camión de bomberos.

MOISÉS HASSÁN: El 20 de julio, toda la Junta de Gobierno reunida por primera vez, entró a la Plaza de la Revolución de Managua. La muchedumbre estaba en un estado que bordeaba prácticamente la histeria: brincaba, saltaba, gritaba, no hallaba cómo expresar su júbilo porque ahora sí podía decir que se había liberado para siempre de la dictadura somocista, y podía asegurar por primera vez que la Guardia asesina, genocida, represiva, era ya una historia del pasado que nunca se iba a repetir. Esos son los dos momentos más emocionantes que yo puedo recordar: la entrada inicial a la zona de El Dorado, viendo a toda la gente desperdigada buscando cómo luchar contra la Guardia, viendo a ese montón de hormigas contra una gigante, y la entrada a Managua con ese júbilo, ese entusiasmo. Y uno pensaba que después de tanto tiempo de lucha, después de tanto sacrificio, tantos riesgos y tantas privaciones, ya se había alcanzado el triunfo. Pensaba que el enemigo al que uno había odiado con todas sus fuerzao, huía. Pensaba que por fin se había abierto para nuestro país el camino de la liberación, tanto del yugo extranjero como del de la explotación y la represión interna. Pensaba que todos los que habían creído en la lucha durante tantos años no se habían equivocado, que una cantidad de horizontes se abrían, que una cantidad de ignominias, oprobios y vergüenzas habían quedado sepultadas para siempre. Y se tenía también un sentimiento gigantesco de responsabilidad al darse cuenta de que aquellas muchedumbres que habían luchado, tenían confianza en el Frente Sandinista, y uno se daba cuenta de que tenía que hacer todo lo que estuviera a su alcance para no defraudar a ese pueblo.

CARLOS GUTIÉRREZ: Por Radio Sandino nos enteramos de la renuncia de Somoza; pero además de eso, yo caí en la cuenta por los movimientos de la Cruz Roja. Nadie quería decir nada, pero llegó el director de la Cruz Roja en un microbús y dijo que todos los encargados de ahí se concentraran y pusieran el banderón más grande que tuvieran en el portón del pedagógico. "Van a hacerse cargo del Hospital Militar", les dijo, "y los que quedan, van a la Cruz Roja Central:" Bueno hermano, me dije yo, ¡aquí ganamos! ¡Esto es emocionante, aquí no hay de otra! ¡Este triunfo es de nosotros! Porque adiviné que todo ese movimiento era porque ya se estaba entregando la Guardia. Entonces ya todo el refugio se dio cuenta —si nosotros no somos babosos. Luego ya oímos la alegría de Radio Sandino, Radio Venceremos y Radio Reloj.

De ahí comenzaron a llegar las señoras de los Guardias a refugiarse. Entonces yo me metí a indagar, como que si fuera periodista: "Ajá, señora, ¿qué pasó?" le pregunto a una. "Que venimos de Monimbó porque ahí viene ya entrando la Guardia..." Qué va a estar entrando, pensaba yo, esto es que ya se está yendo la "bestia mayor". Éstas son las esposas de los "bestias". Y luego entró un viejo que ya sabía yo que era militar, y entendí: ¡Ah, pues sí! Y comenzamos a gritar ya todos. Bueno, ¡fue una cosa...! Fue día de fiesta. Entraban las "bestias" y salíamos nosotros. Sólo se nos quedaban viendo de mal ojo y se les miraba todos achantados, como que nunca hubieran hecho nada, afligidos.

Yo comencé a jalar a todo mundo: "¡Vámonos, vámonos! ¡Todos los que tengan coche suban gente y vámonos a prepararnos para ir a botar la estatua del caballo de Somoza!" Eso fue lo primero, lo primerito que pasó.

Todo el pueblo se volcó ahí. En seguida vino una grúa, pusieron cables, camiones, y ahí llegó todo mundo: el chavalero, hombres, mujeres, viejitas. una euforia aquella cosa, ¡algo único! Era como que si fuera Año Nuevo a las doce de la noche. Anduvimos el caballo, lo arrastramos un rato, y luego seguimos con la estatua de Luis Somoza. Todo lo que oliera a Somoza —estatuas, puentes, todo— lo botamos. ¡Ese día fue de alegría! Y esa noche nadie durmió; ni el 18 ni el 19, nadie durmió en el refugio.

Fuimos hasta el kilómetro 13 a esperar a los contingentes que venían llegando del sur. El día 20 fue de alegría —y de tristeza también: estaban las mujeres esperando en la carretera: "Compa, ¿de dónde viene usted?" "De Masaya, doñita..." "Y mi hijo, ¿no me lo vieron?" "Tal vez atrás, en el otro camión." Hay madres que se quedaron esperando y es la hora que no han encontrado a sus hijos.

Cuando llegué a mi casa me senté dándole la espalda a la puerta, platicando con mi mama. La veía cabizbaja y a mi papa también, pues. Faltaba alguien, aunque no se decía. Entonces, en eso que estamos así, veo yo una sombra en la puerta y medio lo miro y le digo: "Compa, ¿no encontró a mi hermano?" Y entonces me dice el otro, todo barbudo —yo creo que con los nervios le ha de haber crecido más el pelo, por eso de que las hormonas se alteran, o algo—, todo barbudo, con su camuflaje, todo sucio, me dice: "¿No me estás mirando que soy yo?" Y ya ahí nos abrazamos todos. Yo cuento estas cosas porque me parece a mí que lo que exteriorizo yo, otras personas también lo vivieron, pues.

Fuimos entonces a la plaza. ¡Casi nos volvimos locos! Yo pasaba con mi taxi de un lado a otro... fui al aeropuerto, volví, me volvía a ir, me regresaba... llenaba el carro de muchachos y ¡vámonos! Coche gratis para todo mundo! Nunca había estado la plaza así de llena, ¡nunca, nunca! Y sin bolos y sin guaro, y sin "voluntarios entre comillas", que así se decían a sí mismos los burócratas de Somoza cuando los llevaban a las manifestaciones. Y ya venía la Junta entrando en un camión de bomberos; vimos a Edén Pastora, a la Dora María... esa gente era lo único que mirábamos, la dirección del Frente Sandinista, a los comandantes... ¡una cosa linda!

EDÉN PASTORA (20 DE JULIO DE 1979): Bueno, es tan difícil poder narrar esto en tan poco tiempo porque esto es la victoria. Es bonita la victoria porque ver caras sonrientes es bonito; es bonito ver a los niños que ríen y saludan con alegría en los ojos y esas miradas tiernas y esa voz chillona —yo no comprendí nunca *cómo* un genocida, un loco, podía asesinar a nuestros niños en el año de la niñez. Es bonito ver a la madres que lloran de alegría... y es bonito también ver a las novias que esperan con ansiedad el rostro de los novios. Todo eso es la victoria, y todo eso es lo que saboreamos nosotros los del Frente Sandinista de Liberación Nacional en estos momentos... y la esperanza de un futuro día mejor que los pasados, y estar seguros de que nosotros, los sandinistas, estaremos siempre alertas, estaremos siempre vigilantes para que la revolución se cumpla, no se mediatice y menos se traicione. Vamos en pos de un hombre nuevo, eso es lo que vamos a inculcarle a nuestros niños, que son la verdadera razón por la que nosotros luchamos.

DORA MARÍA TÉLLEZ: Cuando nosotros tuvimos fe, fue porque antes hubo muertos que se encargaron de abrirnos esa perspectiva. Pero para los que tuvieron fe en 1960, 1961 ¿dónde estaban las perspectivas? Las perspectivas tal vez eran los cuentos que contaba el coronel Santos López de la gesta de Sandino. Pero ésa era una perspectiva de 25 años antes. Por eso yo pienso que nosotros somos privilegiados por varias razones: primero porque nos pasaron la antorcha, porque nos tocó llevarla hasta el triunfo, y porque vimos el triunfo. Además yo creo que no lo merecíamos tanto; lo merecía más aquella gente que había sabido tener fe por primera vez. Pero si uno se pone a pensar un poquito, se da cuenta de que ellos también vivieron el triunfo, y que lo vivieron tal vez mejor y más intensamente que nosotros. Porque, como decía, se necesita estar un poquito loco para pensar, para creer que cuando se consigue la primera caja de tiros .22, ya se han dado pasos históricos hacia el derrocamiento de la dictadura.

CRONOLOGÍA BÁSICA

1933   El ejército interventor de Estados Unidos, derrotado por las fuerzas del general Augusto C. Sandino, abandona Nicaragua. Es electo presidente de la República Juan B. Sacasa, quien designa a Anastasio Somoza García jefe de la Guardia Nacional.

1934   Anastasio Somoza García, con la venia del embajador de Estados Unidos, trama el asesinato de Sandino, llevado a cabo el 21 de febrero.

1936   Somoza García da un golpe de estado a Sacasa y toma el poder.

1956   Rigoberto López Pérez ajusticia a Anastasio Somoza García. Asume el poder el hijo mayor de éste, Luis Somoza Debayle. Su hijo menor, Anastasio Somoza Debayle, asume la jefatura de la Guardia Nacional.

1957   Luis Somoza se elige presidente de la república.

1956-1959   Más de 20 intentos armados por derrocar a Somoza; luchas por la creación de sindicatos campesinos y urbanos.

1959   Matanza estudiantil en León el 23 de julio a raíz de las protestas por la muerte de los guerrilleros de El Chaparral.

1961   Se constituye el Frente Sandinista de Liberación Nacional.

1963   Primer intento del FSLN de establecer una guerrilla de montaña, en la zona entre el río Coco y el río Bocay. El aparato somocista presenta como candidato a la presidencia a René Schick Gutiérrez, quien ocupará la presidencia hasta su muerte, en 1967. Luis Somoza se queda con la presidencia del partido liberal, y Anastasio Somoza sigue a la cabeza de la Guardia Nacional.

1964-1965   Organización de sindicatos campesinos y fabriles en las zonas de Matagalpa, Jinotega y Estelí.

Surgen los primeros comités cívicos populares del FSLN.

1967 Anastasio Somoza Debayle se elige presidente de la República y conserva la jefatura de la Guardia Nacional. El 22 de enero, una marcha de protesta organizada por el partido conservador —la oposición oficialista— es reprimida violentamente por la Guardia, con un saldo de más de 200 muertos. El FSLN lleva a cabo golpes armados urbanos contra la dictadura y busca asentar una base guerrillera en Pancasán.

1969 Se logra el secuestro aéreo de un avión de la línea "La Nica", de Somoza. Se efectúan recuperaciones armadas bancarias y otras acciones urbanas. Muere en combate Julio Buitrago, miembro de la dirección nacional del FSLN y responsable del trabajo urbano.

1970 Somoza pacta con Fernando Agüero, líder del partido conservador, garantizándole una representación minoritaria en el Congreso. Se acuerda la formación de una junta tripartita de gobierno: dos liberales y un conservador. El FSLN organiza grandes movilizaciones populares para proteger a los reos sandinistas. Trabajo en la montaña preparativo de la guerrilla de la zona de Zinica.

1971 Las movilizaciones populares logran la libertad de presos políticos sandinistas, incluidos José Benito Escobar, Ricardo Morales Avilés y Germán Pomares.

1972 Terremoto el 24 de diciembre. Anastasio Somoza queda a cargo del Comité de Emergencia, que convierte la ayuda internacional en un inmenso botín particular.

1973 Caen en combate los miembros de la dirección nacional Ricardo Morales Avilés y Oscar Turcios, y los militantes Jonathán González y Juan José Quezada.

1974 Somoza se elige nuevamente presidente de la República. El FSLN cierra la etapa de "acumulación de fuerzas en silencio" que mantuvo desde 1970. La guerrilla en la montaña ya ha resistido

	un año de persecución y cerco sin sufrir una baja en sus fuerzas regulares. La nueva etapa ofensiva se inicia con la acción del comando "Juan José Quezada", el 27 de diciembre.
1975-1977	Años de la peor represión sufrida por el FSLN y el campesinado del norte de Nicaragua. Caen en estos años en la montaña y en la ciudad Carlos Agüero, Édgar Munguía, Filemón Rivera, Jacinto Hernández, Eduardo Contreras, Pedro Aráuz, Bernardino Díaz Ochoa, Catalino Flores, Carlos Roberto Huembes y Carlos Fonseca, más innumerables militantes de base y cuadros intermedios. Entre la población campesina que apoyaba la presencia del FSLN en la montaña se estima un mínimo de 2 000 muertos. El Frente Sandinista se divide en tres tendencias: Guerra Popular Prolongada, Tercerista o Insurreccional y Proletaria.
1977	Somoza, creyendo haber liquidado al FSLN, levanta el 5 de septiembre el estado de sitio, la ley marcial y la censura de prensa, vigentes desde el golpe del 27 de diciembre de 1974. El 13 de octubre el FSLN, en su Tendencia Tercerista, ataca los cuarteles de San Carlos y Ocotal. El 15 de octubre ataca el comando de la Guardia Nacional en Masaya.
1978	El 10 de enero, por órdenes directas de Anastasio Somoza Portocarrero, hijo del dictador, asesinan a Pedro Joaquín Chamorro, director del diario *La Prensa*. El 22 de enero el sector privado declara una huelga empresarial que dura poco más de una semana en protesta por el asesinato de Pedro Joaquín Chamorro. El 21 de febrero el barrio indígena de Monimbó se insurrecciona espontáneamente y logra resistir seis días. El 23 de febrero la Tendencia Tercerista del FSLN ataca los cuarteles de Rivas y Granada. El 28 de marzo los familiares de los presos políticos inician una huelga de hambre. El 5 de julio regresa a Nicaragua el llamado "Grupo de los Doce". Se dan las manifestaciones populares más grandes en la historia de Nicaragua

en apoyo al grupo. El 22 de agosto el comando "Muerte al Somocismo-Carlos Fonseca Amador" toma como rehenes a todos los miembros del Congreso que se encuentran en Palacio Nacional. La acción es totalmente exitosa y desencadena la insurrección espontánea de la población de Matagalpa el 27 de agosto. Huelga general del 25 de agosto al 24 de septiembre. Se inicia la insurrección general convocada por el FSLN el 9 de septiembre. La Guardia toma Estelí, la últitima ciudad rebelde, el 21 de septiembre. La primera semana de octubre se inicia la mediación entre Somoza, el FAO y los embajadores de Estados Unidos, República Dominicana y Guatemala.

1979: El 7 de marzo las tres tendencias del FSLN firman un acuerdo de unidad. El 11 de abril una columna sandinista toma la ciudad de Estelí y la retiene durante cinco días. El 12 de abril se abre el Frente Oriental Jacinto Hernández, que incursiona en Nueva Guinea. El 16 de abril la Guardia Nacional descubre una casa de seguridad donde se encuentra reunido el estado mayor de León. Mueren ahí Roger Deshón, Édgar Lang, Araceli Pérez Darias, Idalia Fernández y Oscar Pérez Cassar. El 20 de mayo una columna al mando de Germán Pomares intenta la toma de la ciudad norteña de Jinotega. En la retirada es herido de muerte el comandante Pomares. El 20 de mayo el gobierno mexicano anuncia la ruptura de relaciones con el régimen de Anastasio Somoza. El 4 de junio se inicia la huelga nacional convocada por el FSLN, primer paso a la insurrección final. El 16 de junio se anuncia en San José de Costa Rica la creación de la Junta de Gobierno de Reconstrucción Nacional, integrada por Sergio Ramírez, Moisés Hassán, Daniel Ortega, Violeta Barrios Vda. de Chamorro y Alfonso Robelo. El 23 de junio la OEA por primera vez en su historia pide la sustitución de un régimen, al denunciar el gobierno de Anastasio Somoza, y se niega, por mayoría de votos, a respaldar la moción de Estados Unidos en el sentido de enviar una fuerza de paz a Nicaragua. El 7 de julio la Guardia Nacional desocupa su último reducto en León, El Fortín. Se piensa en la posibilidad de que León se establezca como capital provisional de una "Nicaragua noroccidental liberada", al estilo de Vietnam en caso de una intervención extranjera. El 16 de julio huye la Guardia Nacional de su fortaleza en Estelí tras 43 días de sitio por parte de los sandinistas. En la madrugada del 17 de julio renuncia Anastasio Somoza Debayle, nombra a Francisco Urcuyo Maleaños su sucesor, y huye del país con sus parientes y allegados. Violando el acuerdo establecido con los representantes del Departamento de Estado, Urcuyo se niega a renunciar y a entregar el poder a la Junta de Gobierno de Reconstrucción Nacional. Tras una breve pero eficaz intervención del embajador de Estados Unidos, Lawrence Pezzullo la tarde del 18 de julio, Urcuyo cambia de opinión y abandona el país a las ocho de la noche. En León, la Junta de Gobierno y la dirección nacional conjunta del FSLN se mantienen a la expectativa. Se rinde la Guardia Nacional a partir de las 6 a.m. del 19 de julio. La Cruz Roja y el Arzobispado, actuando como mediadores, tienen un problema solamente: no se encuentra en todo el país un alto oficial de la Guardia que se haga cargo de la rendición. El 20 de julio viajan de León a Managua los integrantes de la Junta de Gobierno y la dirección nacional del FSLN. Llegan también columnas de todos los frentes de guerra. Se celebra la victoria en Plaza de Catedral.

FICHAS BIOGRÁFICAS *

La mayoría de los testimoniantes aparecen con el grado de "comandante de la revolución" o "comandante guerrillero".

Los comandantes de la revolución son los nueve miembros de la dirección nacional del FSLN, y antes de la reunificación de las tres tendencias estaban agrupados como sigue:

Dirección nacional de la Tendencia Proletaria: Jaime Wheelock, Luis Carrión, Carlos Núñez.

Dirección Nacional de la Tendencia Insurreccional (o Tercerista): Humberto Ortega, Daniel Ortega, Víctor Tirado.

Dirección nacional de la Tendencia Guerra Popular Prolongada (GPP): Tomás Borge, Henry Ruiz (Modesto), Bayardo Arce.

Los comandantes guerrilleros fueron designados de acuerdo con su participación militar en las últimas fases de la lucha contra la dictadura somocista, y son en total veintidós, de los cuales tres son mujeres.

ARCE, BAYARDO: Nace el 21 de marzo de 1949. Hijo de un periodista y una mujer humilde. Miembro del FSLN desde 1969. Dirigente estudiantil, secretario ejecutivo del Frente Estudiantil Revolucionario (FER) en 1971. Responsable del regional norte (zona rural de Nueva Segovia, de 1974 a 1976). Responsable general de la comisión política de la ciudad y el campo de la Tendencia GPP. Responsable político-militar del Frente Norte Carlos Fonseca durante la ofensiva militar. Comandante de la revolución. Miembro de la comisión ejecutiva de la dirección nacional. Coordinador de las secretarías de Relaciones Exteriores y de Propaganda y Educación Política.

* Todos los cargos de gobierno señalados estaban vigentes el 19 de julio de 1980 [A].

BORGE, TOMÁS: Nace el 13 de agosto de 1930. Activista estudiantil en Matagalpa, su ciudad natal. Fundador del periódico semanal *Espartaco* y posteriormente del semanario *Juventud Revolucionaria*. Secretario del Centro Universitario de la Universidad Nacional. Condenado a prisión por un consejo de guerra luego del ajusticiamiento de Somoza García, permanece dos años y medio preso. Fundador del Frente Sandinista de Liberación Nacional. Con los comandantes Carlos Fonseca y Oscar Turcios, dirige el movimiento guerrillero de Pancasán. Tras quince años de clandestinaje y trabajo militar y político en la ciudad y en el campo, es capturado en febrero de 1976, luego de un enfrentamiento con la Guardia Nacional. Condenado a treinta años de prisión, permanece en celdas de aislamiento más de dos años, hasta que es liberado después del asalto a Palacio Nacional. Miembro de la dirección nacional. Ministro del Interior. Comandante de la revolución. Poeta.

CABEZAS, OMAR: Nace el 24 de octubre de 1950. Hijo de un fabricante casero de jabón y de una mujer humilde. Militante del FSLN desde 1968. Agitador estudiantil de la Universidad Nacional de León. Sube a la montaña en 1974. Miembro del estado mayor del Frente Norte durante la última ofensiva. Delegado de la dirección nacional ante la Educación Superior. Representante del FSLN ante el Consejo de Estado. Comandante guerrillero.

CARRIÓN, JAVIER: Nace el 21 de noviembre de 1954. Hijo de una familia de la burguesía nicaragüense. Ingresa al FSLN en 1973 a través del Movimiento Cristiano, al igual que su primo, Luis Carrión. Participa en la acción del 27 de diciembre de 1974. Preso desde marzo de 1976 hasta que fue liberado en el canje de presos después de la acción del 22 de agosto de 1978. Segundo al mando de la columna "Oscar Turcios" que dirigía Germán Pomares. A la muerte de Pomares queda como responsable de esa misma columna para la insurrección final. Jefe militar de la zona 1 del Ejército Popular Sandinista. Comandante guerrillero.

ESPINOZA, LEONEL: Nace el 3 de febrero de 1950. Hijo de una familia productora agrícola. Se incorpora al FSLN en 1973 a través del Movimiento Cristiano. Participa en la acción del 27 de diciembre. Cuadro organizador rural y urbano. Secretario político de la Secretaría de Propaganda y Educación Política del FSLN (SENAPEP).

FONSECA, CARLOS: Nace en Matagalpa el 23 de junio de 1936. Hijo de uno de los altos administradores de las empresas somocistas, y de una trabajadora doméstica. Carlos desde niño trabaja como vendedor de dulces y periódicos. Es alumno brillante del Instituto Nacional del Norte, y desde sus primeros días de estudiante, voraz lector de teoría política. Aprendió francés para poder leer los textos de marxismo, que sólo se encontraban en Nicaragua en ese idioma. En 1954 funda la revista *Segovia*, publicación dedicada en partes iguales a la rebeldía antisomocista y a la poesía. Milita en la Juventud Socialista del PSN. En Managua se matricula en la Universidad Nacional y en 1956 sale elegido secretario general del CUUN (Centro Universitario de la Universidad Nacional). A raíz de la represión desatada por los Somoza después del ajusticiamiento de Anastasio Somoza García, Carlos Fonseca cae preso. Liberado un mes después, obtiene una beca para viajar a Moscú. Es arrestado nuevamente a su regreso y liberado poco después. Publica "Un nicaragüense en Moscú".

En 1957 organiza un movimiento para obtener la libertad de su viejo amigo y compañero Tomás Borge, preso aún y acusado de participar en el ajusticiamiento de Somoza García. En 1958 Luis Somoza lo expulsa a Guatemala, y en las cárceles del régimen guatemalteco conoce y se hace amigo de Turcios Lima, miembro todavía del ejército guatemalteco. En 1959 viaja a Cuba y regresa a Centroamérica para participar en la guerrilla conocida como "El Chaparral". Herido de gravedad, logra salir a Costa Rica. En 1961 se funda el Frente de Liberación Nacional con integrantes de dos organizaciones estudiantiles revolucionarias: Juventud Patriótica Nicaragüense y Movimiento Nueva Nicaragua. Carlos Fonseca es secretario general. Permanece en Managua al frente de la organización hasta 1964 cuando es arrestado nuevamente junto con Víctor Tirado. Sale libre al cabo de seis meses. Escribe "Desde la cárcel yo acuso a la dictadura". Sale en 1969 a una reunión en Costa Rica de la dirigencia y los cuadros del FSLN. Escribe *La Hora 0*. Es encarcelado por las autoridades costarricenses. Fracasa un primer intento de liberarlo. Liberado en 1970 por un comando a cargo de Carlos Agüero, viaja a Cuba donde permanece hasta 1976, cuando se pide su presencia en el interior de Nicaragua para resolver las graves diferencias de criterio que existen entre la dirección interna y externa. Cae en una emboscada de la Guardia en la región de Zinica el 8 de noviembre de 1976.

HASSAN, MOISÉS: Nace el 4 de mayo de 1942. Hijo de una familia de la pequeña burguesía. Doctorado en física nuclear en Chapel Hill. Dirigente del Movimiento Pueblo Unido y del Frente Patriótico Nacional. Integrante del mando político del Frente Interno junto con Julio López y Marcos Valle. Miembro de la Junta de Gobierno de Reconstrucción Nacional.

HERRERA, LETICIA: Nace el 11 de marzo de 1950, hija de un obrero fundador del movimiento sindicalista en Nicaragua y una mujer trabajadora. Miembro del comando Juan José Quezada, que tomó la casa de Chema Castillo el 27 de diciembre de 1974. Cuadro militar, queda al mando de las fuerzas que toman el "Fortín" de León en la última insurrección. Miembro del estado mayor de León en la última insurrección. Responsable política del FSLN en el departamento de León. Comandante guerrillera.

LANG, EMMETT: Nace el 30 de enero de 1948. Miembro de una familia de la alta burguesía nicaragüense. Ingresa al Frente en 1969 motivado por inquietudes religiosas. Encarcelado varios meses en 1970, sale con los presos políticos liberados gracias a las protestas populares. Integrante de la columna "Jacinto Hernández" que incursiona en Nueva Guinea en mayo de 1979. Segundo jefe nacional de las Milicias Populares Sandinistas.

NÚÑEZ, CARLOS: Nace el 26 de julio de 1951. Hijo de un obrero artesanal y una vendedora. Ingresa al FSLN en 1971. Dedicado al trabajo político en el regional de León y posteriormente en Managua. Responsable de los enlaces entre los sectores estudiantiles organizados y el FSLN. Como miembro de la dirección nacional conjunta dirige la coordinación del Frente Interno junto con Joaquín Cuadra y William Ramírez. En la ofensiva final encabeza el estado mayor del Frente Interno. Miembro de la comisión ejecutiva de la dirección nacional del FSLN y como tal, coordinador general de las organizaciones de masas. Comandante de la revolución.

NÚÑEZ, RENÉ: Nace el 9 de noviembre de 1947. Como su hermano, Carlos Núñez, proviene de las clases populares. Miembro del FSLN desde 1969. Representante clandestino del FSLN ante el FER. Encarcelado al día siguiente de la toma de la casa de Chema Castillo, sus compañeros no se enteran y no lo pueden pedir en rescate. En las sesiones de tortura la Guardia le fractura los brazos, las piernas y la columna vertebral. Permanece encarcelado hasta el 22 de agosto de 1978. Es liberado junto con los demás reos políticos exigidos por el FSLN en el operativo de Palacio Nacional. Secretario de la dirección nacional del FSLN. Galardoneado con la primera Orden del Mérito "Carlos Fonseca" que otorgó el FSLN el 19 de julio de 1980.

ORTEGA, HUMBERTO: Nace en 1947. Miembro del FSLN desde 1965. Ya en 1966 participa en acciones militares. Es capturado en Costa Rica en diciembre de 1969 al intentar liberar de una cárcel a Carlos Fonseca. Herido en los dos brazos, pierde movilidad en la mano derecha y parcialmente también en la izquierda. Cumple diez meses de prisión en Costa Rica y es liberado junto con Carlos Fonseca y Rufo Marín en una operación dirigida por Carlos Agüero. Miembro de la dirección nacional del FSLN desde 1971. Ministro de Defensa y comandante en jefe del Ejército Popular Sandinista. Comandante de la revolución.

PASTORA, EDÉN: Nace el 22 de enero de 1937. Miembro de una familia de la clase media. Participante en los intentos guerrilleros de la década de los 50. En 1960-1961 recluta y hace trabajo de logística para las guerrillas de Julio Alonso en el río Patuca. Encargado de logística para la guerrilla de Pancasán. Cae preso en 1967. Posteriormente hace trabajo de organización campesina en las zonas de Matagalpa y Jinotega. Exiliado, vive en Costa Rica hasta volver como el comandante "Cero" de la toma de Palacio Nacional, el 22 de agosto de 1978. Comandante del Frente Sur

"Benjamín Zeledón" durante la ofensiva final. Jefe de las Milicias Populares Sandinistas. Comandante guerrillero.

RAMÍREZ, SERGIO: Nace el 5 de agosto de 1942. Hijo de una familia de músicos y pequeños agricultores. Escritor, autor de novelas, cuentos, y una antología fundamental: *El pensamiento vivo de Sandino*. Miembro del FSLN desde 1975. Coordinador del Grupo de los Doce. Vocero del FSLN en las negociaciones con Estados Unidos a partir de la insurrección de 1978. Miembro de la Junta de Gobierno de Reconstrucción Nacional.

SUÁREZ, JACINTO: Nace el 24 de julio de 1947. Miembro de una familia de la clase media. Miembro del FSLN desde 1963. Junto con Daniel Ortega y Leopoldo Rivas, es de los sandinistas que pasan más tiempo encarcelados. Arrestado en 1967, es liberado en el canje de reos políticos impuesto a Somoza el 27 de diciembre de 1974. Posteriormente trabaja en la representación internacional del FSLN. Ministro del Exterior por la ley.

TÉLLEZ, DORA MARÍA: Nace el 21 de noviembre de 1955. Hija de una familia de profesionistas. Sube a la montaña como parte de la columna "Carlos Fonseca" que inicia la ofensiva de octubre de 1977. Baja de la montaña para participar como responsable política —comandante "Dos"— en la toma de Palacio Nacional, el 22 de agosto de 1978. Jefe del estado mayor conjunto del Frente Occidental durante la insurrección final. Responsable de los comités de defensa sandinistas (CDS) para Managua. Comandante guerrillera.

TORRES, HUGO: Nace el 25 de abril de 1948. Hijo de un subteniente de la Guardia Nacional "que por honrado, nunca ascendió más", y una mujer humilde. Miembro del Frente desde 1971. Responsable militar —comandante "Uno"— del comando Juan José Quezada en el operativo del 27 de diciembre de 1974. Nuevamente comandante "Uno" en la toma de Palacio Nacional el 22 de agosto de 1978. Delegado de las Fuerzas Armadas ante el Consejo de Estado. Secretario de la junta directiva del Consejo de Estado. Comandante guerrillero.

VALDIVIA, JOSÉ: Nace el 5 de noviembre de 1947. Hijo de un finquero y de una mujer del pueblo. Miembro del FSLN desde 1970. Sube a la montaña en 1971 a hacer trabajo organizativo entre el campesinado y permanece ahí hasta 1975. Responsable del ataque al cuartel de la Guardia Nacional en San Carlos, en octubre de 1977. Jefe del estado mayor general del Frente Sur "Benjamín Zeledón" durante la ofensiva final. Viceministro de Defensa. Comandante guerrillero.

VIVAS, RENÉ: Nace el 30 de agosto de 1949. Hijo de una familia de la clase media acomodada. Se integra al Frente en Europa en 1970. Hace trabajo clandestino urbano en Managua desde 1971. Sube a la montaña en 1973 y queda como segundo de Henry Ruiz ("Modesto") en las regiones más inhóspitas de la selva de Segovia y Nueva Guinea. Al bajar Modesto de la montaña en 1978, queda al mando de la brigada "Pablo Úbeda". Director nacional de la Policía Sandinista. Comandante guerrillero.

WHEELOCK, JAIME: Nace en 1946. Miembro del Frente desde 1969. Hace trabajo organizativo en León y en el norte del país. En Chile, como estudiante, organiza una célula sandinista con otros nicaragüenses. Regresa a Nicaragua en 1975. Es responsable del regional de Granada y posteriormente del regional de Occidente. Ensayista e historiador, ha publicado tres libros fundamentales para el estudio de Nicaragua. Ministro de Desarrollo Agropecuario. Comandante de la revolución.

VOCABULARIO

a lo descosido	constantemente.
al suave	gradualmente, con cuidado.
andar	portar, llevar, traer puesto, tener, p.ej.: "Yo no andaba arma en la guerra."
arrecho	enojado, tenazmente dedicado a algo, feroz, p.ej.: "Me arrecha que no lleguen a tiempo." "Él era arrecho a leer." "Tengo un hambre arrecha."
arrechura	rabia, indignación.
a tuto	sobre la espalda.
auxiliar	guardia reclutado en la región.
aviación	nombre de una cárcel famosa de Managua antes del terremoto.
bandidencias	fechorías o travesuras.
bandido	travieso o malvado, según el contexto.
baquiano	guía campesino de la montaña.
buzón	escondite de armas.
caminar	llevar o acompañar, portar habitualmente, "Le miré un portafolio como el que camina el compa Humberto."
cachimbazo	golpe.
cachimbear	golpear, trabajar duro.
cachimbo	gran cantidad de.
cipote	niño.
clavo	lío.
correrse	huir.
culillo/culío	miedo.
chagüite	discurso de convencimiento con connotaciones demagógicas. Rollo. también plátano, Guineo.
champa	lona de plástico de color oscuro que hacía las veces de tienda de campaña en la guerrilla.
chapioyo	palabra despectiva para designar al ganado de mala raza, aplicado por la burguesía a la gente campesina del

	norte de Nicaragua. Fue usado posteriormente por los guerrilleros para designarse a sí mismos, identificándose así con el campesinado.
charnel	metralla.
chele	rubio, blanco.
chereques	cosas.
chingo	quedar corta la ropa.
chischil	sonaja.
chiva	en estado de alerta, desconfiado.
chochada	asunto, cosa sin importancia, tontería.
¡chocho!	exclamación típica de admiración. En los países vecinos, a los nicas se les conoce como chochos, tan frecuente es el uso de esta palabra.
chunche	artefacto, dispositivo, mecanismo, cosa.
danto	tapir.
desmarimbarse	desbaratarse, desquiciarse.
de a cachimba	usado para describir una situación muy difícil, o muy dinámica, o muy intensa, o muy buena.
de un sólo	seguido, con un solo impulso.
de viaje	de inmediato, de prisa, definitivamente. *Voy de viaje.* Salgo de prisa. *Parece Guardia, de viaje, con ese casco.* Definitivamente parece Guardia. *Te arreglo ese asunto de viaje.* Te arreglo ese asunto inmediatamente.
encachimbado	enfurecido.
enconcharse	trabarse (un arma).
en lo fino	en su punto álgido.
escotero	con carga (para caminatas en la montaña).
estar claro	tener convicción firme.
fierros	armas.
gualdrapa	interior del estómago de las vacas. Algo o alguien que no sirve.
guaro	bebida alcohólica.
guatal	lo que queda del maíz después de tapiscado.
güergüero	garganta, tragadero.
¡güevos!	¡qué va!

guindar	colgar algo o a alguien.
hablar	decir: "La Nubia habló que le dolían las canillas."
¡hombé! ¡hombré!	exclamación.
jincar	pinchar o aguijonear.
juez de mesta	autoridad civil en las zonas rurales, colaborador de la Guardia Nacional, generalmente campesino.
largo	a la distancia, lejos.
legal	no clandestino.
lentearse	no aprovechar una situación.
motete	bulto.
moño	nudo.
nacatamales	comida típica, tamal.
nítido	lindo, como debe ser.
oreja	informante somocista.
palo	árbol.
palos	golpes.
pateros	buenos para caminar.
pencazo	golpe.
penquearse	pelearse, trabajar duro.
penqueo	contienda.
pijazo	gran cantidad de, golpe.
pijudo	magnífico.
pinto	uniforme de camuflaje usado por la Guardia en la montaña; por extensión: Guardia.
pipante	canoa tallada de un tronco de árbol —generalmente, caoba o cedro— usado por los indígenas del norte de Nicaragua.
por cuenta	ya que; porque.
pozol	masa de grano de maíz molido.
pullar	empujar, impulsar.
¡qué de a verga!	¡qué magnífico! frecuentemente irónico.
quemado/a	fichado por la Seguridad somocista.
reales	dinero, moneda de 10 centavos.
repastar	tomar alimentos.
sapo	somocista.
socado	apretado.
soque	situación de gran miedo o tensión.

tierno	bebé.
tronco de	lo mejor de un conjunto: "Qué tronco de cuadro es esa compa."
tuco	pedazo, trozo.
tuqueado	cortado en pedazos.
turcazo	gran cantidad de; golpe.
un poco de	un grupo de; una buena cantidad de.
verguear	golpear.
vivandera	vendedora ambulante o del mercado.
volar pija	disparar balas; atacar.
volar verga	disparar balas; atacar.
yatagán	bayoneta.
ydiay	saludo o expresión de asombro; adaptación de "Y ¿de ahí?"
yuca	tuberosa de tierra caliente; alimento básico.
zafarse	huir
zancudo	miembro del partido conservador (opositor tradicional y desganado de Somoza; pactista).
zanganadas	atrocidades.
zángano	ser malvado.

BIBLIOGRAFÍA MÍNIMA

Blandón, Jesús Miguel, *Entre Sandino y Fonseca Amador,* Managua, edición particular, 1980.
Borge, Tomás, *El amanecer dejó de ser una tentación,* La Habana, Revista Casa de Las Américas, año XIX, núm. 114, mayo-junio de 1979, pp. 104-119.
Fonseca, Carlos, *Escritos,* Managua, Secretaría de Propaganda y Educación Política (SENAPEP), 1979.
García Márquez, Gabriel, Selser, G., Waksman D. et al, *La batalla de Nicaragua,* México, Bruguera Mexicana de Ediciones, 1979.
López, Julio, Núñez, O., Chamorro, C., y Serres, Pascal, *La caída del somocismo y la lucha sandinista en Nicaragua,* San José, Editorial Universitaria Centroamericana (EDUCA), 1979.
Millett, Richard, *Guardianes de la Dinastía,* San José, Editorial Universitaria Centroamericana (EDUCA), 1979.
Ortega Saavedra, Humberto, *Cincuenta años de lucha sandinista,* México, Editorial Diógenes, 1979.
Ramírez, Sergio (comp.), *Pensamiento vivo de Sandino,* San José, Editorial Universitaria Centroamericana (EDUCA), 1974.
Sandino, Augusto C., Fonseca Amador, C., FSLN, *Nicaragua: La estrategia de la victoria,* México, Editorial Nuestro Tiempo, 1980.
Randall, Margaret, *"Somos millones..." (La vida de Doris María, combatiente nicaragüense),* México, Editorial Extemporáneos, 1977.
Selser, Gregorio, *Sandino, general de hombres libres,* México, Editorial Diógenes, 1978.
Wheelock R., Jaime, *Imperialismo y dictadura: crisis de una formación social,* México, Siglo XXI Editores, 1975.
Wheelock R., Jaime, *Diciembre victorioso,* México, Editorial Diógenes, 1976 (el libro aparece en la edición original firmado por el comando "Juan José Quezada", que tuvo a su cargo el operativo del 27 de diciembre de 1974).

papel ediciones crema de fábrica de papel san juan,
impreso en talleres gráficos victoria, s. a.
primera privada de zaragoza, núm. 18 bis, méxico 3, d. f.
cuatro mil ejemplares más sobrantes para reposición
30 de octubre de 1980

DEL CATÁLOGO DE SIGLO XXI

De la Peña S.: *El antidesarrollo de América Latina*
Delgado, E.: *El proceso revolucionario peruano*
Hostos, E. M. de: *América: la lucha por la libertad* (preparada por M. Maldonado-Denis)
González Casanova, P./Florescano, E. (comps.): *México, hoy*
Grupo Areíto: *Contra viento y marea. Jóvenes cubano hablan desde su exilio en Estados Unidos*
Mella, J. A.: *Escritos revolucionarios* (Prólogo de F. Gobart)
Randall, M.: *Todas estamos despiertas. Testimonios de la mujer nicaragüense hoy*
Reina, L.: *Las rebeliones campesinas en México, 1819-1906*
Séjourné, L.: *La mujer cubana en el quehacer de la historia*
Viezzer, M.: *"Si me permiten hablar..." Testimonio de Domitila, una mujer de las minas de Bolivia*
Wheelock Román, J.: *Raíces indígenas de la lucha anticolonialista en Nicaragua*

LOS PREMIOS DEL CONCURSO
ENSAYO SIGLO XXI 1980

QUÉ HACER EN AMÉRICA LATINA

Sergio Spoerer: *América Latina: los desafíos del tiempo fecundo*
Pedro Fernando Castro Martínez: *Fronteras abiertas: expansionismo y geopolítica en el Brasil contemporáneo*
Donald Castillo Rivas: *Acumulación de capital y empresas transnacionales en Centroamárica*
Julio Barreiro: *Los molinos de la ira: pronóstico sobre la situación en América Latina*

www.ingramcontent.com/pod-product-compliance
Lightning Source LLC
LaVergne TN
LVHW011346080426
835511LV00005B/159